SABER VIVER EM PLENITUDE

Descobrindo a vida como um dom

CATARINA PASIN DE LACERDA

SABER VIVER EM PLENITUDE

Descobrindo a vida como um dom

EDITORA
SANTUÁRIO

Coordenação editorial:
Ana Lúcia de Castro Leite

Copidesque:
Sofia Machado

Diagramação e Capa:
Maicon Santos

Dados Internacionais de Catalogação na Publicação (CIP) de acordo com ISBD

L131s Lacerda, Catarina Pasin de

Saber viver em plenitude: descobrindo a vida como um dom / Catarina Pasin de Lacerda. - Aparecida : Editora Santuário, 2023.
176 p. ; 16cm x 23cm.

ISBN 978-65-5527-369-4

1. Religião. 2. Cristianismo. 3. Espiritualidade. 4. Psicologia. I. Título.

CDD 240
2023-2726 CDU 24

Elaborado por Vagner Rodolfo da Silva - CRB-8/9410

Índice para catálogo sistemático:
1. Religião : Cristianismo 240
2. Religião : Cristianismo 24

1ª impressão

Rua Pe. Claro Monteiro, 342 – 12570-045 – Aparecida-SP
Tel.: 12 3104-2000 – Televendas: 0800 0 16 00 04
www.editorasantuario.com.br
vendas@editorasantuario.com.br

APRESENTAÇÃO

Nenhuma criança ao nascer traz consigo o manual de instruções de como deve viver ou como seus pais devem criá-la. A experiência de interagir com as pessoas vai sendo assumida no dia a dia, por ensaio e erro, na vivência concreta de altos e baixos, porque, lembrando o poeta Francisco Otaviano de Almeida Rosa, em seu célebre poema *Ilusões da vida*,

> Quem passou pela vida em branca nuvem,
> E em plácido repouso adormeceu;
> Quem não sentiu o frio da desgraça,
> Quem passou pela vida e não sofreu;
> Foi espectro de homem, não foi homem,
> Só passou pela vida, não viveu.[1]

Fazendo um paralelo com o ditado popular: "Entra no mar aprende a nadar", só se aprende viver, vivendo.

Viver a própria vida é um ato pessoal, intransferível e que vai sendo aprendido à medida que vivemos. Ninguém, por mais que nos ame, pode viver por nós, fazer essa experiência em nosso lugar. É nossa tarefa descobrir nosso potencial e aceitar o desafio de desenvolvê-lo. Desafio porque depende do quanto nos dispomos a seguir pela direção do autoconhecimento, da abertura para entrarmos em nossa vida interior e termos contato com nossos talentos.

---

[1] ALMEIDA ROSA, Francisco Otaviano de, Ilusões da vida, in OLIVEIRA, Alberto de. *Páginas de ouro da poesia brasileira*. Rio de Janeiro: H. Garnier, Livreiro-Editor.

Chamou-me a atenção a referência de David Brooks[2] às virtudes de currículo e às virtudes de obituário. As virtudes de currículo fazem parte da lista de qualidades, habilidades necessárias para se conquistar uma carreira, ter sucesso. As virtudes de obituário constam da lista de valores internos, riquezas pessoais, o modo de ser e como se vive os relacionamentos pessoais com gentileza, honestidade, caráter, fidelidade. Segundo o autor, buscam-se muito mais as virtudes de currículo, que apontam para o sucesso profissional, do que as virtudes de obituário, resultado das qualidades internas.

A busca do externo, de tudo que facilita a ascensão profissional, social, o prestígio, tem sido muito mais valorizada. Há mais empenho em se promover a satisfação de desejos imediatos, que tenham como meta o sucesso, o prazer, do que em sair da superficialidade e procurar descobrir o potencial que continua desconhecido, por isso inexplorado no profundo do ser.

Pessoa, do latim **persona**, a máscara que os atores usavam no teatro, equivalente ao grego πρόσοπον, prósopon, fachada, frontispício, algo que se projeta para frente. Equivale a dizer que o ser humano é alguém que se lança para o futuro em busca do novo. O processo de humanização constitui um dos grandes desafios de nossa existência. A clássica pergunta "Quem sou eu?" só é respondida com a vida, isto é, o ser humano vai se construindo à medida que vive.

Cabe a nós encontrarmos o caminho da realização de nossa vida. Somente a partir desse primeiro trabalho pessoal, será possível conviver de maneira adequada com as outras pessoas. Isso porque só temos condições de entrar em contato com quem quer que seja se, em primeiro lugar, conhecemo-nos e nos aceitamos como somos. Assim não corremos o risco de nos confundirmos com quaisquer pessoas a nossa volta, vivendo simbioses que tendem a resultar de processos de baixa autoestima.

Em um mundo que valoriza o transitório, a satisfação imediata, o consumo compulsivo em shopping centers, atraentes e

---

[2] BROOKS, David, *A estrada para o caráter,* p. XVII.

sedutores, falar sobre crescimento humano pode parecer algo etéreo, até mesmo piegas, mera abstração sem fundamento. Como se pela exacerbação do externo e diante dos múltiplos apelos imediatistas, valorizar o ser humano, ajudando-o a crescer como pessoa, descobrindo e desenvolvendo suas potencialidades, fosse tarefa atrelada a uma categoria menor. Na verdade, crescer em todas as dimensões, ser gente no sentido pleno da palavra, é a grande tarefa e o maior desafio da vida.

Tornar-se pessoa é o resultado que se espera do empenho com que nos lançamos na busca de nossa verdade. Isso só ocorre se focalizarmos além de nossos limites aquilo que mais nos incomoda e se nos lançarmos na busca de permitir que nosso potencial aflore e tenha condições de ser desenvolvido.

Para muita gente o conceito de pessoa ainda não é claro. Crescimento e sucesso pessoal aparecem no mesmo nível do dinheiro, da aquisição de bens materiais e de posições que ofereçam prestígio social. Ao mesmo tempo em que há pessoas que se sentem vazias de sentido, o que é pior, acomodam-se à inércia, esquecendo-se de que, se estão vivas hoje, precisam estar atentas para despertar seu potencial, para fazerem escolhas coerentes e significativas também para o amanhã.

Nenhuma pessoa se basta sozinha; sua síntese pessoal é resultado da interação nem sempre muito consciente com a realidade. Nenhuma pessoa pode existir de modo saudável, desligada de seu ambiente. Ao contrário, seu equilíbrio como um todo requer interação contínua com as pessoas a seu redor. Sua capacidade de escolher e assumir a responsabilidade pela própria vida emerge do apoio e da regulação de seu meio, tornando-a um ser autoajustado.

Ser pessoa integrada é o mesmo que atingir a plenitude como junção de vários fatores. Na vida todos os nossos relacionamentos favorecem o encontro em que a Psicologia e a Teologia se abraçam e facilitam tornar realidade a contemplação de Deus em todas as coisas e de todas as coisas em Deus. É essa a mesma dinâmica para se chegar ao amor, ou seja, a Deus, que é amor e, nesse amor, cria todas as coisas. Isso mesmo, **cria** e não **criou**, porque a criação é dinâmica, continua acontecendo igualmente hoje, com nossa participação.

> O tipo de casa em que vivemos, a química de nosso corpo e de nosso cérebro, nossa dieta e metabolismo – todos são fatores que influenciam nossa habilidade de encontrar a plenitude da vida. Seria uma omissão considerável se não levássemos em conta tudo isso.[3]

O ser humano, como imagem e semelhança de Deus (Gn 1,26-27), pode ser considerado a obra-prima da criação. Nenhum outro ser e nada o supera. Se cada pessoa tiver consciência dessa predestinação, a convivência será fácil, não se sentirá inferior, por isso compelida a ter inveja, a desejar o que não lhe pertence, já que descobrirá sua riqueza interior e procurará desenvolvê-la. As outras pessoas e suas conquistas deixarão de ser ameaças. Ao contrário, serão acolhidas como parceiras e companheiras de viagem na vida.

Ser criado à Imagem e Semelhança de Deus nos leva a afirmar que o ser humano é viável. Importa que mulheres e homens tomem consciência de seu maravilhoso potencial, apropriem-se de toda a sua riqueza interior, descubram que sempre é tempo para ressignificar suas vivências, dando respostas afirmativas à vida. Viver é processo, como tudo mais. Porém não basta querer viver. Cabe-nos olhar para dentro de nós, assumindo tudo o que somos, não mais como peso, mas com esperança de que a cada manhã surja um novo dia pleno de possibilidades.

Escrever este texto tem sido oportunidade para refletir sobre respostas a algumas perguntas que me faço ou que me fazem, na terapia ou em encontros informais. O tema sugere continuamente inúmeras outras abordagens oportunas, até porque o ser humano é rico de possibilidades e está sempre em processo. Não

[3] POWELL, John, *Para viver em Plenitude,* p. 37.

se aprende a ser pessoa, apenas pesquisando em bibliotecas ou consultando livros de receita. Não há fórmulas prontas. Ser pessoa é, antes de mais nada, resultado de escolha, decisão consciente e trabalho árduo.

Sem pretender ter a última palavra, desejo poder contribuir para que outras pessoas despertem para a necessidade de tomarem consciência de suas potencialidades, apropriem-se de sua vida e assumam a responsabilidade de seu próprio crescimento. E, desse modo, sendo cada vez mais autênticas e coerentes, descubram razões para estar presentes na vida e colaborar para que este nosso mundo seja mais continente, mais humano, mais acolhedor.

Convido você, que agora lê estas páginas, a caminhar comigo e renovar o desejo de fazer a maior descoberta de sua vida, ser pessoa plena.

1

CONTEXTUALIZANDO: CONTATO COM A REALIDADE

A consciência do que dói

Poderíamos fazer uma lista imensa de situações de dor em nós, perto de nós ou em lugares distantes. Muitas coisas hoje em dia continuam doendo e causando sofrimento. Quem quando criança não levou algum tombo ou caiu do balanço, esfolando os joelhos, as pernas ou os braços ou não se estatelou no chão depois de uma corrida ou de um tropeção? Quanto choro e desconforto também na hora de fazer o curativo. Tudo isso dói muito.

Aprofundando um pouco, deparamo-nos com a guerra que segue destruindo pessoas e lugares, esmagando a esperança de uma vida solidária e, ao mesmo tempo, sendo apresentada como a solução para conflitos internos ou com vizinhos inoportunos. Como se para viver bem seja necessário eliminar todos os que supostamente causem algum impedimento real ou fictício. São inúmeros os países em que essa prática equivocada persiste, independentemente da dor e do sofrimento das perdas que causa. Dwight Eisenhower, tendo convivido com tantos conflitos durante seu mandato de presidente americano, costumava afirmar que nada pode justificar uma guerra, a mais estúpida e trágica das aventuras humanas. Da mesma forma, o papa Francisco tem insistido em alertar o mundo para o absurdo da guerra, que leva medo, angústia e desespero a tantas pessoas, obrigadas a fugir de bombardeios, escondendo-se em abrigos subterrâneos.

Dificilmente, alguém não viu uma única foto que seja sobre campos de refugiados. Milhares de pessoas espalhadas, sentadas ou em pé, aguardando algum alimento que lhes chega da ajuda humanitária. São rostos tristes em que a esperança secou, de mulheres magérrimas e de crianças quase que só pele e osso, agarradas às mamas murchas de suas mães. Ou de cidades destroçadas, prédios destruídos, pessoas mortas ou mutiladas espalhadas pelas ruas, em algum país em guerra contínua. Todas as cenas impactantes, especialmente se pensarmos que a terra e tudo que há nela pertencem a toda a humanidade, a mulheres e homens, independentemente de sua cor, raça, etnia e seu credo.

O texto bíblico é claro ao relatar que na criação Deus gostou do que viu e entregou sua posse, a terra e tudo o que nela habita, ao ser humano, homem e mulher. Deus os abençoou e lhes disse: "Sede fecundos, multiplicai-vos, enchei a terra e submetei-a; dominai sobre os peixes do mar, as aves do céu e todos os animais que rastejam sobre a terra. Eu vos dou todas as ervas que dão semente, que estão sobre toda a superfície da terra, e todas as árvores que dão frutos que dão semente: isso será vosso alimento" (Gn 1,28-29).

Quantas mulheres infelizmente engravidam sem muita consciência de seu corpo e do que acontece com ele. Com maior ou menor convicção, interrompem a gravidez, por não se sentirem prontas para a maternidade naquele momento, ou por terem sido abandonadas por seus companheiros ou por outras tantas razões, ficando marcadas indelevelmente pelo sofrimento de terem abortado. O aborto mata o feto, já uma vida, desrespeitando seu direito de viver, estraçalhando sua esperança de vir a ser, impedindo-o de chegar à autonomia e causando estragos físicos e psicológicos, muitas vezes irreversíveis, às mães. Muitas delas levam pela vida afora o sentimento de culpa ou, até mesmo, de menos valia, que as impede de se desenvolverem como pessoas e realizarem seu projeto de vida.

> O sofrimento, parte ferida, machucada, vulnerada porque, às vezes, é a que mais sobressai, também porque, por não a conhecer, prega-nos peças, leva-nos a comportamentos que não entendemos e com os quais nos prejudicamos e fazemos mal às demais pessoas. Isto é, sobretudo, o mais importante, porque, por não a termos enfrentado conscientemente, por não nos termos apercebido de sua existência, por não a termos extraído e curado, ela continua a turvar nosso poço, a obscurecer nossas potencialidades, a nos impedir de realizar nossos desejos mais profundos.[1]

Deus não quer o sofrimento nem a dor, mas nos fala nos silêncios, nos abismos de nosso mundo. No desfiguramento de sua obra, sua imagem e semelhança é machucada, diminuída. O que destrói o plano de Deus e causa dor é que alguns, em nome da hegemonia política ou por se sentirem os guardiães sociais, elegeram-se os únicos donos da terra. A inveja, desejar aquilo que os outros conseguiram, a ganância de querer sempre mais, independentemente do que essa atitude possa contribuir para a desigualdade social, e outros sentimentos contrários ao bem comum, fazem parte do rol de malefícios que estão na gênese da dor.

Sentir as próprias necessidades está na linha da autopreservação. É necessário saber do que precisamos, quais nossas necessidades, para podermos supri-las na medida do possível. Até aqui demonstramos ter vida, mas nossa percepção de mundo é bastante acanhada, restrita ao nosso eu, às nossas coisas. O cuidado com a família, os vizinhos, amigos, colegas de trabalho e outros tantos também passa por aí, precisamos conhecer cada um de seus membros para saber como atendê-los. Como dizia Tolstói, se alguém sente dor é porque está vivo, se sente a dor dos outros é porque é um ser humano.

Para sentirmos a dor dos outros, em primeiro lugar, precisamos sair de nossa bolha, de nosso casulo, de nossa comodidade, alargar nosso olhar e nossa percepção para, só assim, descobrir novas realidades, tomar consciência do mundo exterior. Esse

[1] Cabarrus, C., *A dança dos íntimos desejos*, p. 17.

movimento exige de nós um exercício constante de humildade, de pés no chão, de contato com a realidade, com o humano que habita a nosso redor. Em termos de humanismo, precisamos, primeiramente, ser gente, para também estarmos aptos a expressar a fé. Porque viver a fé ou ser cristão é, antes de tudo, descobrir um caminho, um modo de ser, mais do que uma religião. Para sermos bons cristãos precisamos ser bons cidadãos, especialistas em humanidade, inseridos no mundo onde vivemos.

Na Amazônia vem acontecendo acidentes provocados por motores descobertos de barcos, que causam o escalpelamento em mulheres que chegam a perder a pele ao lado dos olhos e das sobrancelhas, além dos cabelos e partes do couro cabeludo. Os cabelos das mulheres enganchan no motor que, em movimento, pode puxar todo o couro cabeludo, provocando sequelas graves nas vítimas e até a morte.[2]

Para essas mulheres, a dor além de física é também psicológica, já que afeta diretamente sua autoestima, levando muitas delas a usar lenços ou chapéus para esconderem o dano causado pelo acidente. Além disso, submetem-se a relacionamentos com homens que as desrespeitam e as agridem, por acreditarem que apenas eles sejam capazes de aceitá-las na situação em que se encontram e por ser essa a única maneira de se sentirem "amadas". São histórias dramáticas que acontecem na vida dessas mulheres que não aprenderam a ser respeitadas. Por isso submetem-se a relacionamentos que lhes trazem, além de mais sofrimento, a confirmação equivocada de sua menos valia.

Viktor Frankl, ao relatar sua experiência no campo de concentração em Auschwitz, comenta que em tal lugar os prisioneiros eram espancados por qualquer motivo e, por vezes, até sem motivo algum. Os espancamentos diários levavam os prisioneiros a um grau de insensibilidade emocional bastante alto, como uma proteção extremamente necessária para eles, ao mesmo tempo, a uma imensa apatia, desleixo interior e indiferença.

[2] Jornal do Conselho Federal de Psicologia, p. 11, 2012.

A agressividade nunca é o caminho para se estabelecer a ordem ou qualquer resultado positivo. Ao contrário, gera dor, que, por sua vez, pode levar à revolta e, sendo persistente, à negação da dor, à alienação ou a um distanciamento da realidade. A pessoa tende a fechar-se em seu "mundo particular", tentando sobreviver a sua maneira.

Frankl ainda afirma que a ordem ou qualquer resultado positivo não pode acontecer a partir da agressividade, que gera dor, revolta e, caso persista, negação da dor, e, por vezes, um fechamento ou alienação da realidade. A dor física, para qualquer pessoa, nem sempre é a mais significativa, até mesmo para crianças que apanham. A desconsideração, a falta de amor, o abandono, o desamor, ou saber que são odiadas, doem mais do que serem surradas.

> A dor física causada por golpes não é o mais importante – por sinal, não só para nós, prisioneiros adultos, mas também para crianças que recebem castigo físico! A dor psicológica, a revolta pela injustiça ante a falta de qualquer razão é o que mais dói em uma hora dessas. Assim é compreensível que um golpe que nem chega a acertar eventualmente pode doer até muito mais.[3]

A Pietá, escultura magnífica de Michelangelo, é a representação mais profunda da dor sem palavras de Maria, a mãe abraçando o corpo inerte do Filho Jesus, morto por aqueles que se sentiram incomodados com seu posicionamento em favor dos pobres e injustiçados. Da mesma forma que nenhuma legenda é necessária para expressar a dor de tantas outras mães que perderam seus filhos, como "as mães da Praça da Sé" ou "as mães de maio", na Argentina. Mães que seguem à espera de que a justiça, ao ser cumprida, mesmo não podendo eliminar totalmente a dor da perda, pelo menos tenha condições de amenizá-la.

Quantas vezes somos incentivados a ver o lado bom, até alegre, quem sabe, de uma situação triste. "Poderia ser pior" ou "Deus quis assim" alguém nos diz, querendo nos impedir de

---

[3] FRANKL, Viktor. *Em busca de sentido*, p. 32.

sofrer. Quando, na verdade, o que precisamos no momento é de alguém conosco, a nosso lado, que nos permita chorar e entrar em contato com o que dói. Ninguém gosta nem quer sofrer, mas o sofrimento na vida é inevitável, até porque, por sermos criaturas, temos limites.

Podemos acolher o que nos machuca sem fugir do sofrimento, sentindo a presença de quem pode aliviar nossa dor. Toda situação de dor pode nos trazer uma mensagem que precisamos decodificar. Enquanto nos debatemos, tentando escapar dela ou evitá-la, deixamos de ir fundo para descobrir o que ela tem a nos ensinar ou o que podemos aprender com ela.

Sem dúvida, o sofrimento, como o cadinho onde se forja o ouro, enobrece nossa sensibilidade e nos faz viver de forma mais humana. Importa, então, encontrar o sentido do sofrimento, o que podemos aprender com ele. Por isso, vezes sem conta, debatemo-nos com todas as nossas forças para nos livrarmos daquilo que seja ameaça a nossa integridade ou que nos traga qualquer desconforto. Na verdade, o que falta é nos perguntarmos como podemos aprender com determinada situação desagradável ou de dor. O que ela tem a nos ensinar. O que podemos ganhar com aquela perda além da infinita tristeza que nos tem acompanhado.

> Nossa glória está oculta em nossa dor, se permitirmos que o próprio Deus se dê a Si próprio como um presente em nossa experiência de dor. Se nos voltarmos para Deus, sem nos rebelar contra nossa ferida, estaremos permitindo que Ele a transforme em bem ainda maior. E deixaremos que outros se unam a nós e descubram isso conosco.[4]

Negar o sofrimento seria semelhante à atitude da criança que, em outros tempos, por medo de encontrar o bicho-papão, em nossos dias, talvez algum vampiro ou outras personagens fantasmagóricas e assustadoras, mantém os olhos fechados ao entrar no quarto sozinha ou ao olhar debaixo da cama.

[4] NOWEN, Henri. *Transforma meu pranto em dança,* p. 14.

Ainda que não seja possível evitar o sofrimento, podemos ressignificá-lo. Diferentemente de fugir, precisamos nos permitir ter coragem de encarar o que dói, deixando de lado qualquer julgamento, principalmente evitando condenar nossas atitudes. Sobretudo, colocando na misericórdia de Deus nossa dificuldade, culpa, segredos ou vergonha. Aceitar a situação de sofrimento, sem disfarces, é o primeiro passo, até para encararmos a própria vida de modo novo e libertador. É sabermos acolher o convite de Jesus: "Vinde a mim todos os que estais cansados sob o peso de vosso fardo e vos aliviarei" (Mt 11,28).

É evidente que precisamos ter atenção para saber olhar para o sofrimento, reconhecendo-o. Ter consciência do que está acontecendo é essencial, até porque, enquanto não temos condições de ver algum ponto claro nas trevas, fica difícil continuar caminhando.

> O sofrimento é um sinal de que você não está em contato com a realidade. Você sofre para que possa abrir os olhos para a verdade; para que possa entender onde está a falsidade. Como uma dor física, que o faz entender que há uma doença. O sofrimento mostra que há falsidade. O sofrimento acontece quando você entra em conflito com a realidade. Quando suas ilusões e falsidades entram em conflito com a realidade, você sofre. De outro modo, isso não aconteceria.[5]

Jamais teríamos conhecido a genialidade de Beethoven se sua mãe, levada por tantas dificuldades pelas quais passava a família, o tivesse abortado. Não bastasse a tuberculose do marido, o primeiro filho era cego de nascença. Já o segundo, morreu ao nascer. Ao se descobrir grávida do terceiro filho, pensou em interromper a gravidez diante da situação desesperadora em que vivia. Para aquela mulher o futuro não parecia oferecer saídas razoáveis.

É exatamente o que costuma acontecer com muita gente ao perder o contato com a realidade. Em inúmeras ocasiões a única certeza, ou único desejo, pode ser a de que a dor precisa acabar a qualquer preço. Apesar disso, vale continuar caminhando sem

---

[5] MELLO, Anthony de. *Despertando para o eu,* p. 87.

perder de vista que também há alegria a ser vivida, porque a vida apresenta sempre dois lados, o sombrio (dor) e o luminoso (alegria). É importante manter a esperança, acreditar que existe algo positivo a ser descoberto, sem, no entanto, desconhecer ou ignorar o sofrimento.

> Parece paradoxal, mas cura e dança começam com uma visão honesta daquilo que nos causa dor. Enfrentamos perdas secretas que nos paralisaram e nos mantiveram prisioneiros de rejeição, vergonha ou culpa. Não alimentamos a ilusão de que podemos ludibriar nosso caminho por entre dificuldades. Ao tentar esconder dos olhos de Deus e nossa própria consciência parte de nossa história, tornamo-nos juízes de nosso passado. Limitamos a misericórdia de Deus a nossos medos humanos.[6]

Tomar consciência da realidade é fundamental. É preciso conhecê-la para poder aceitá-la. Algumas pessoas confundem **aceitar** e **concordar**. Aceitar é dado de realidade, portanto não pode ser alterado. Se alguma coisa está acontecendo precisamos ter consciência do que seja, até para podermos tomar as providências necessárias que, porventura, nos caibam.

Quando ficamos tristes e choramos por alguma perda, expressamos que estamos bem, somos saudáveis, porque a tristeza é a emoção adequada que cabe para esse momento. A tristeza e o choro são sinais de que aquele objeto ou aquela pessoa que perdemos era significativa para nós. Se, pelo contrário, nossa atitude fosse de riso (mesmo o riso "nervoso"), estaríamos falseando nosso sentimento, demonstraríamos nosso mal-estar em ter contato com a realidade. O choro pode ser a expressão da dor autêntica, mesmo que ela seja aceita ou mesmo que não estejamos de acordo com o que acontece no momento. Podemos **não concordar** com alguma situação dolorosa, não gostar dela. Porém, ao aceitá-la quando esteja presente, sem fingir algum falso sentimento ou fugir, mostramos que estamos bem, não precisamos de nenhum subterfúgio.

---

[6] NOUWEN, Henri. *Transforma meu pranto em dança*, p. 5.

Henri Nouwen conta[7] que passava por um momento bastante conturbado, tantos compromissos com viagens e palestras por inúmeros países, que mal tinha tempo para si mesmo. Foi nesse clima que conheceu a comunidade Daybreak, que trabalha com pessoas com deficiências mentais e físicas, em Toronto no Canadá, onde morou os últimos dez anos de sua vida. A experiência com mulheres e homens, vivendo rejeição e abandono, ajudou-o a descobrir que podia conviver com o sofrimento, sem precisar negá-lo. Com aquelas pessoas deixou de considerá-lo como parada forçada e de mau gosto, passando a vê-lo como oportunidade para estar na vida de maneira mais consciente.

Enquanto não conhecermos de fato o que dói em nós, passaremos grande parte do tempo tendo atitudes que não entendemos e que machucam, não só a nós, mas sobretudo às pessoas com quem convivemos. Vamos vivendo distanciados da realidade interna, nós mesmos, e da externa, tudo o que nos cerca. Perdemos a sintonia conosco e com o ambiente a nossa volta. É exatamente o que diz Paulo, "[...] não consigo entender o que faço; pois não pratico o que quero, mas faço o que detesto" (Rm 7,15).

Quando não sabemos o que fazer, que caminho tomar ou o que falar para alguém que está sofrendo, o que na verdade importa é **estar com**, ser presença, mais do que falar a respeito do que dói, dando conselhos ou procurando por soluções, ainda prematuras. O importante é sabermos estar ao lado de quem sofre, sendo presença, ponto de referência. Uma mão amiga vale mais do que mil palavras.

Quantas vezes nos equivocamos tentando ajudar as pessoas, querendo dar nossa opinião ou nosso conselho de como devem agir para se livrarem do sofrimento, sem antes gastarmos algum tempo para saber o que na realidade está acontecendo, qual a causa de tanta dor. Não permanecemos ao lado das pessoas "sentindo com elas", procurando descobrir, na verdade, do que sentem necessidade. Quando nos precipitamos, procurando descobrir maneiras

---

[7] NOUWEN, Henri. *Transforma meu pranto em dança,* p. 3-4.

de afastar o olhar do foco do sofrimento, isso nos leva a perceber o que também dói em nós, quais são nossas necessidades. E, muitas vezes, por termos a dificuldade em aceitar nossa dor, o máximo que conseguimos é deixá-las mais desconfortáveis.

> Cristo convida-nos a permanecermos em contato com os muitos sofrimentos de cada dia e a experimentar o começo da esperança e da nova vida, justamente aí onde vivemos, no meio das feridas, dores, da falência. Ao observar sua vida, os seguidores de Cristo perceberam que, quando todos os gritos "Hosanas" da multidão cessaram, foi quando discípulos e amigos o abandonaram. Depois de Jesus gritar "Deus meu, Deus meu, por que me desamparaste?" foi então que o Filho do Homem ressuscitou da morte; foi então que Ele rompeu as cadeias da morte e tornou-se Salvador. Esse é o caminho da paciência que nos conduz vagarosamente do triunfo fácil à árdua vitória.[8]

Dizemos que **gastamos** tempo, em vez de **perdemos** tempo, porque estar com a pessoa em seu sofrimento e dor é nossa escolha e nossa decisão, por isso não o perdemos. Outras vezes, oferecemos nossas apreciações, e, quantas vezes repreensões, sem antes **escutar** qual a real necessidade que ela ou ele tem naquele momento especial.

Faço a diferença entre **ouvir** e **escutar**: podemos **ouvir** sempre, se nossos ouvidos estiverem abertos. A todo momento são vários os sons – buzinas, vozes que não identificamos, conversas, música etc. – que se mesclam e entram por nossos ouvidos, sem que nem mesmo nos demos conta deles. Porém, para **escutar** alguém, precisamos querer prestar atenção, deixando de lado nossas ideias, nosso modo de pensar, quem sabe até nossos preconceitos e/ou nossas resistências. Da mesma forma quando nos dispomos a escutar a música que alguém canta, podemos até aprender a letra e identificá-la em outras ocasiões.

Se quisermos **estar com** alguém, precisamos sair de nosso comodismo, descer do pedestal que nos torna aparentemente superiores, para nos colocarmos no mesmo nível de igualdade da pessoa.

---

[8] NOUWEN, Henri. *Transforma meu pranto em dança*, p. 9.

> Ao reconhecermos e confessarmos honestamente nossa semelhança com os outros, participamos da solicitude do próprio Deus, que veio não para os poderosos, mas para os humildes, não para ser diferente, mas semelhante, não para nos tirar a dor, mas para compartilhá-la. Por meio dessa participação podemos abrir os corações uns para os outros e formar uma nova comunidade.[9]

Não são palavras, nem mesmo as mais eloquentes ou espirituais, que nos levam da dor à alegria. Só quando somos presentes a nossa dor e à dor de quem está conosco, procurando conhecê-la melhor, podemos aprender com ela. Começamos a vê-la de modo diferente diante de Deus que age no momento certo, levando-nos a tirar proveito dela. Jesus, ao afirmar que bem-aventurado é aquele que chora (Mt 5,4), quer nos ensinar a não resistir ou desistir da dor, mas a enfrentar as circunstâncias dolorosas com a consciência de que podem ser um sinal para nós ou nos trazer algum recado. Até porque as bem-aventuranças, para o mundo, apontam para um caminho de paradoxo, de quase total incompreensão. Fica muito mais compreensível aproximar felicidade de alegria, não de choro.

Inúmeras vezes a única possibilidade é fazer alguns ajustes dentro de nós para podermos perceber que, a despeito do que dói, nossa essência permanece inalterada. Não afirmamos com isso que nossa postura deva ser passiva, "laissez-faire", "de esperar para ver". Pelo contrário, ao aguardarmos, entramos em contato com nosso interior e nos capacitamos de nossas possibilidades para termos condições de agir. Dessa forma, poderemos sentir o que está incomodando a nós ou a alguma outra pessoa. Assim, aos poucos, vamos tendo clareza de como lidar melhor, em primeiro lugar, conosco mesmos, para depois procurarmos ter segurança para lidar com a situação desconfortável.

A rejeição, como toda e qualquer dor, entristece, mas não é exclusividade nossa. Podemos aprender com ela a sermos mais sensíveis com o sofrimento humano e aos problemas globais, sem fatalismo pois este, antes de nos oferecer soluções, arremessar-nos-ia

---

[9] NOWEN. Henri. *O Paradoxo da solidão,* p. 36.

ao desespero, sendo mais um obstáculo para visualizarmos a saída. Seria a atitude de quem diz crer em Deus, mas não confia que haja possibilidades. Como que, acreditando que para estar na vida, é necessário que tudo gire em torno de lamentações e de queixas, sem deixar espaço para a novidade da cura.

A tomada de consciência diante do sofrimento de tantas pessoas pode começar como um choque para nós. Mas se lançarmos um olhar mais abrangente para a realidade, vamos deixar de nos considerar o centro do universo e nos abrir para o sofrimento de tantos seres humanos excluídos da vida pelas muitas injustiças sociais. São inúmeras pessoas a nossa volta sofrendo, pelas mais diversas causas, em asilos, hospitais, casas de acolhimento, em nossa vizinhança, em nossa família etc. Contemplamos o sofrimento que nos rodeia, não com o desejo de negá-lo, mas para aprender a conviver com ele e a descobrir a vida a ser resgatada.

Tendemos a perceber nosso sofrimento sob outro enfoque, quando nos empenhamos para conhecer os problemas terríveis que envolvem grande número de pessoas. É apenas quando nos fazemos presentes que podemos perceber a realidade que nos circunda, as carências reais, para termos condições de pensar nas soluções. Analogamente, o presente que entregamos a uma pessoa em seu aniversário torna-se um símbolo de nossa presença. Passamos a estar presentes com ela naquele objeto, e essa presença pode ser portadora de esperança. Estar **com** quem sofre é estar presente, mais com a escuta do que com a fala.

À medida que vamos tomando consciência de que precisamos parar de correr atrás de nossas "coisas sérias" para percebermos nossos conflitos, vamos igualmente nos dando conta de que precisamos querer olhar para nós internamente e para a vida que nos envolve. Precisamos nos esvaziar de nossas ideias, opiniões, nossos pontos de vista, deixando de lado todo o peso de nossas convicções, para, só assim, podermos escutar a outra pessoa e, por que não, aprender com ela sem pré-julgamentos ou preconceitos.

Nouwen, em uma de suas obras,[10] conta sobre um mestre, Zenda, procurado por um professor universitário que queria aprender sobre a sabedoria. Nan-in, o mestre Zenda, serviu-lhe chá, continuando a encher a xícara até que derramasse. O professor, vendo a xícara transbordando, exclamou estarrecido que já não cabia mais nada ali. O mestre Zenda então completou que o professor estava transbordando, como a xícara, cheio de suas ideias e opiniões. Só se esvaziasse seu interior, haveria espaço para conhecer a sabedoria.

Quantas vezes passamos longo tempo desejando sair de nossos problemas, mas continuamos inertes, porque o que, na verdade, fazemos nos leva para longe da solução. Fugimos do que dói, usando fórmulas alienantes que, antes de nos aliviar, impedem o mergulho corajoso para nosso interior e contribuem com a superficialidade. Por medo de sentir a dor, damos voltas, conjecturamos, justificamo-nos, na tentativa de mudar de rota e, na maioria das vezes, apenas rodamos em falso.

Quando colocamos de lado fantasias de resultados imediatos, tendências a negar nosso sofrimento, deixamos de ver nossas dores como paralisação de nossos projetos e ficamos mais atentos e sensíveis para contemplar a realidade, tendo mais facilidade para desvendar o sofrimento da humanidade a nossa volta. Então, poderemos encontrar Deus, que nos convoca para assumirmos o compromisso de continuarmos hoje sua Aliança, **vendo** o sofrimento de seu povo, **ouvindo** seu clamor e **descendo** a seu encontro (Ex 3,7-10).

Temos a tendência de afastar a dor para longe de nós, de nos desvencilharmos dela com rapidez, porque queremos nos ver livres do que julgamos ser impedimento desconfortável para nossos planos. A frustração, da mesma forma que a negação, paralisa-nos, tolhe nossos movimentos e nos fixa na dor. Olhar com honestidade para o que dói e o que causa dor faz parte do processo da cura.

---

[10] NOUWEN, Henri. *O Paradoxo da solidão,* p. 35.

> Quando a maioria das pessoas pensa no futuro, imagina formas de viver vidas mais felizes. Observe este fenômeno. Quando as pessoas se lembram dos eventos cruciais que as formaram, elas geralmente não falam de felicidade. Geralmente são as provações que parecem mais significativas. A maioria das pessoas visa à felicidade, mas se sente formada pelo sofrimento [...]. Assim o sofrimento torna-se um presente terrível, muito diferente daquele outro dom, a felicidade, convencionalmente definida. Esta traz prazer, mas o primeiro cultiva o caráter.[11]

Mais do que lamentar o sofrimento, podemos procurar descobrir qual a mensagem que ele nos traz, como podemos aprender com ele. O Cristo crucificado pode nos ajudar a entender nossa dor, nosso desânimo, sendo caminho que nos restaura internamente e nos leva à purificação. Porque o caminho do Domingo de Ramos ao Domingo de Páscoa leva para longe de nós a ilusão de uma vitória fácil, calcada em fantasias, quase quimeras, levando-nos à vitória real que Deus nos oferece.

Um homem de meia-idade teve sua vida violentamente abalada e sua brilhante carreira profissional interrompida, quando descobriu que estava com leucemia. Forçado a mudar de hábitos, foi percebendo seus planos para o futuro serem devastados. Depois de um período de revolta e de uma série de queixas e lamentações em que tentava obter respostas que explicassem tanto sofrimento, foi mais além do que encarar com valentia a doença que o consumia, mas a transformá-la em instrumento de esperança de vida para muita gente que estava sofrendo como ele.

O importante, a conversão esperada para nossa vida, é saber identificar e ter consciência de que os vários, surpreendentes e até mesmo desagradáveis acontecimentos, em vez de nos impedirem de prosseguir em nossa caminhada, podem ser a maneira de Deus trabalhar em nós, de modo a nos tornar aptos para a vida que Ele nos tem preparado.

---

[11] BROOKS, David. *A estrada para o caráter*, p. 94/97.

> Lamentar empobrece-nos; faz-nos lembrar, com veemência, de nossa pequenez. Mas é precisamente aqui, durante a dor, a pobreza ou a fraqueza que o Dançarino convida-nos a levantar e dar os primeiros passos. [...] E, enquanto dançamos, percebemos que não precisamos ficar confinados ao diminuto espaço de nossa tristeza, mas podemos sair dali. Paramos de centralizar nossa vida em nós mesmos. Chamamos outros para dançarem conosco a dança maior. Aprendemos a dar espaço a outros e, principalmente, ao "Outro Gracioso" que está em nosso meio.[12]

Com a chegada do regime comunista, o cardeal vietnamita François Van Thuan ficou encarcerado durante 13 anos, de 1975 a 1988, nove dos quais na solitária, em extrema solidão. Passou por muitas enfermidades, foi submetido a cinco cirurgias, esteve à morte por duas vezes, além de ter vivido momentos terríveis de sofrimento físico e moral. No entanto, a despeito de tudo o que passou, manteve-se sereno, tendo descoberto razões para continuar em frente.

> É o amor cristão que dá valor e sentido a nossa existência, mesmo quando a enfermidade e a doença comprometem a integridade do corpo, porque há em nós uma dimensão da vida que não é condicionada pelo estado de nosso físico, mas pelo amor que sabemos dar.[13]

A consciência do sofrimento como resultado do mal praticado não serve apenas para alguém chorar ao olhar com tristeza para o que passou, acumulando culpa que nada tem a ver com responsabilidade. Em nível inconsciente, a culpa rejeita a falta, o erro e tende a acarretar autopunição que, não identificada a tempo, pode levar à depressão, à perda do sentido da vida, com consequências dramáticas.

Ao sermos responsáveis por nossos atos, não tentamos disfarçar ou justificar o que aconteceu, ficando na superfície de nosso ato. O que importa é descobrirmos o que fazer com o que passou, sabermos reformá-lo e com isso recriá-lo e recriarmos nossa

---

[12] NOWEN, Henri. *Transforma meu pranto em dança*, p. 12.

[13] VAN THUAN, François. *Testemunhas da Esperança,* p. 209.

vida. Ao admitirmos nossa falta e reconhecermos que erramos, facilmente podemos chegar ao arrependimento, que atinge nosso íntimo. O arrependimento não nega o passado – "o que aconteceu, aconteceu" –, mas abre possibilidades para o futuro, acreditando no recomeço quantas vezes forem necessárias, por isso deixando entrar novos ares.

Diz-se que a lagartixa quando perde a cauda tem condições de reconstruí-la em pouco tempo. Ora, o ser humano, muito mais do que uma lagartixa, pode refazer-se, recriar-se inúmeras vezes e com muito mais rapidez, basta que tome consciência de seu potencial, deseje sinceramente mudar e empenhe-se para isso.

> Nada está acabado, nada está perdido, nada deve ser lamentado. Tudo é graça, tudo pode ser salvo, tudo pode ser redimido.[14]

Considerações no contexto bíblico

A partir do livro do Gênesis, dor, sofrimento e morte aparecem como castigo, consequência da desordem causada pelo pecado.

> O caráter incompleto e unilateral desse modo de ver foi compreendido aos poucos (Jeremias, Ezequiel e Jó), mas, em consequência das imperfeições da escatologia, o Antigo Testamento nunca chegou a uma solução satisfatória a não ser em Sabedoria 4.[15]

A dor também é apontada com um cunho pedagógico, como na fome que assolou o povo e o extermínio dos descendentes de Saul (2Sm 21), no livro de Provérbios com suas recomendações de sabedoria ou no profeta Isaías ao apresentar o sofrimento injusto do Servo de Javé, em que é apresentado como vicário. Ele, o Servo, sofre para pagar pelos pecados da humanidade. [...] ele foi trespassado por causa de nossas transgressões, esmagado por causa de nossas iniquidades (Is 53). Para a lei da retribuição o castigo era

[14] BOULAD, Henri. *Deus e o mistério do tempo,* p. 115.

[15] VAN DEN BORN, A. *Dicionário Enciclopédico da Bíblia,* 1453.

consequência do mal praticado, assim como a vida feliz em Canaã, a terra prometida, o resultado da fiel observância aos mandamentos. O prêmio para os justos era uma vida feliz, enquanto que para os injustos havia o castigo do sofrimento. O livro de Provérbios, ao mesmo tempo em que mostra a riqueza e a abundância (3,10; 13,25), bem como filhos e felicidade na família (3,16) como resultado de se colocar em Deus o fundamento da vida, em muitos trechos exorta o justo a ter paciência diante do sofrimento, deixando claro que a desgraça dos injustos seria permanente.

Não era isso o que acontecia na realidade. Os injustos e prepotentes continuavam enriquecendo e prosperando. A doença e a pobreza eram consideradas como castigo de Deus aos pecadores, como aparecem retratadas nos Salmos: "Sim, estou a ponto de cair, meu tormento está sempre a minha frente" (38,18); meus inimigos falam mal de mim: "Quando morrerá e perecerá seu nome?" (41,6ss).

Após o exílio na Babilônia, a retribuição passou a ser regra geral, de modo que a infelicidade de uma pessoa era vista como resultado de seu pecado. O povo judeu por séculos, embora não se omitindo quanto à questão, não encontrou razões adequadas para solucioná-la. Esse é um dos motivos de encontrarmos Jó, homem de fé, que se inclina diante do poder de Deus. De acordo com a cultura da época, a explicação para o sofrimento era a punição de Deus por algum pecado cometido. Embora Jó se colocasse contra essa norma, não encontrava resposta para os sofrimentos do justo, a não ser submeter-se aos desígnios divinos.

O povo era violentado pelo sistema vigente. Para o judeu havia uma lei de que o pobre precisava ter pelo menos uma veste. "[...] ao pôr do sol deverás devolver sem falta o penhor, para que ele durma com seu manto e te abençoe" (Dt 24,12-13). Porém essa lei não era respeitada, os pobres não tinham nada, nem casa, nem direitos, enquanto os ricos, ímpios teocratas, apropriavam-se da terra cobrando altos tributos. A situação era de calamidade em que imperava uma política de dominação, de extermínio, de exploração com os reis e os ministros da terra que construíram mausoléus para si (Jó 3,14).

Com a perda da riqueza e da família, Jó passa não só a ser considerado como um pecador punido, mas sobretudo a crer nisso. Pereça o dia que me viu nascer, a noite que disse: "Um menino foi concebido!" (3,1).

O pagamento de tributos era o principal motivo de os camponeses, bem como de Jó, perderem suas terras e a própria liberdade. Ao mesmo tempo em que ia relatando seu sofrimento, referia-se a tantos camponeses que foram espoliados de seus bens. Por que foi dada a luz a quem o trabalho oprime, e a vida a quem a amargura aflige, a quem anseia pela morte que não vem, a quem a procura com afinco como um tesouro, a quem se alegraria em frente do túmulo e exultaria ao encontrar a sepultura (3,20-22). Recusar a misericórdia a seu próximo é abandonar o temor de Shaddai. Meus irmãos atraiçoaram-me como uma torrente, como canais de um rio que transborda, tornando-se turvo pelo degelo e arrastando consigo a neve (6,14-16).

Quantas vezes nos sentimos sufocar e nos debatemos para nos livrar da dor e poder respirar com liberdade. E, da mesma forma que Jó, podemos querer encontrar Deus para culpá-lo por nos ter abandonado. Apoiamo-nos em nossas defesas para parecermos fortes, mas, na verdade, continuamos a nos sentir frágeis. Experimentamos nos esconder por trás de inúmeras máscaras, no desejo de disfarçarmos nossa identidade e nos escondermos de possíveis ataques.

> Quando nossos bons planos são interrompidos por um mau tempo, quando nossas bem organizadas carreiras param por uma doença ou falta de sorte, quando nossa paz de espírito é destruída por um turbilhão interior e nossa esperança de paz por uma nova guerra, quando nosso desejo de um governo estável é atrapalhado pela constante mudança dos responsáveis e nosso desejo de imortalidade por uma verdadeira morte, somos tentados a despenhar-nos em um aborrecimento paralisante ou a bater em retirada em uma amargura destruidora.[16]

[16] NOUWEN, H. *O Paradoxo da Solidão,* p. 46.

Em Jó encontra-se o que se pode chamar de livro oficial do povo em que o sofrimento é tratado na dicotomia doença/castigo. Jó aparece gritando contra o templo e contra o deus oficial que era apresentado ao povo, cada vez mais distante, poderoso e vingador. Levo cravadas as flechas de Shaddai e sinto absorver seu veneno. Os terrores de Deus assediam-me (6,4).

Jó continua insistindo em sua aflição, porque acredita que Deus parece não se importar com ele. Por isso não refrearei minha língua, falarei com espírito angustiado e queixar-me-ei com a alma amargurada (7,11). A amargura de Jó vai crescendo a ponto de exclamar de modo incontido: Que é o homem, para que faças caso dele, para que dele te ocupes, para que o inspeciones, cada manhã,e o examines a cada momento? (7,17-18ss). Sua atitude de desconfiança surge em confronto com o que era conhecido como o Credo do povo judeu. Eu vi, eu vi a miséria de meu povo que está no Egito. Ouvi seu grito por causa de seus opressores; pois eu conheço suas angústias (Ex 3,7).

O livro do Eclesiastes, em hebraico Qohélet, faz duras críticas aos que detinham o poder, favorecendo-se com a miséria do povo. Com palavras fortes condenava o trabalho escravo e refletia sobre o fato de que o povo nenhum proveito tiraria para sua vida. O que foi, será, o que sucedeu, sucederá: nada há de novo debaixo do sol (1,9). Dá para sentir a ponta de ironia do autor diante da opressão que tudo arrebatava aos camponeses. Que vantagens os trabalhadores teriam com seu trabalho, quando tudo já estava marcado e sem possibilidade de alternativas.

O biblista e exegeta Gianfranco Ravasi[17] considera o testemunho de Qohélet como um testemunho mais frio e distante do que o de Jó, retratando a história da humanidade, não só a História da Salvação. Analisando o livro, Ravasi descobre e denuncia sete doenças que, segundo Qohélet, atingem o espírito humano e a própria realidade: da **linguagem** em crise de significado; do **agir**

---

[17] RAVASI, Gianfranco. *Narrativa do Céu,* p. 206.

reduzido pela fadiga; da **inteligência** que experimenta o vazio das coisas; do **ser como um todo**, incluindo o cosmos e a história; da **sociedade** dividida entre opressores e oprimidos; da **natureza humana** condenada à senilidade e à morte e, finalmente, da **teologia** que apresenta um Deus (há-elohim) impenetrável e distante demais para socorrer.

Comparando a atitude de Jó com a de Qohélet, o primeiro se coloca como indivíduo diante do Criador, confiando na bondade e justiça do Deus pessoal. Já para Qohélet, mais frio, é diferente.

> A questão está no imprevisível acaso. Tão grande é a impressão que lhe causa o imprevisível, o que acontece por acaso no mundo, que pensa não poder descobrir quanto Deus realiza debaixo do sol, embora se empenhe nisso dia e noite (8,16ss).[18]

Esse sentimento de incapacidade o domina também lá onde vê retornarem sempre os mesmos acontecimentos, como na natureza. Não se poderia, contudo, chamar de ceticismo a essa posição crítica do Eclesiastes. Como a sabedoria antiga, também Qohélet não sabe nada da ação salvífica de Deus na história; ele desconhece mesmo a confiança na bondade criadora de Deus, que Jó extrai de sua miséria. Embora saiba que é Deus que age em cada acontecimento, em cada fato, no entanto não consegue abranger sua ação no mundo. Observo a tarefa que Deus deu aos homens para que dela se ocupem: tudo o que ele fez é apropriado em seu tempo. Também colocou no coração do homem o conjunto do tempo, sem que o homem possa atinar com a obra que Deus realiza desde o princípio até o fim (3,10-14).

Diante da situação de injustiça e de calamidade, Jó reconhece a realidade e põe-se a gritar, mostrando os gritos dos pobres. Nus passam a noite, sem roupa e sem coberta contra o frio. Ensopados pelas chuvas das montanhas, sem abrigo comprimem-se contra o rochedo (24,7-8). Não têm medo de desmascarar a religião oficial

---

[18] ZIEMER, G., *A sabedoria do oriente antigo como ciência da vida,* in: SCHNEIDER, J., Palavra e Mensagem, p. 178-179.

e apresentar um deus carrasco e violento. Ele me esmaga por um cabelo, e sem razão multiplica minhas feridas (9,17). Coloca-se diante de Deus por considerá-lo injusto e distante da realidade de opressão em que vivia. Mas é a Shaddai que eu falo, a Deus eu quero apresentar minhas queixas (13,3).

Jó, educado na Teologia da retribuição que permeava todo o Antigo Testamento e que era apresentada como sanção pela possível infidelidade a Deus, olha para o alto e não o encontra. Só o conhece de ouvido, por isso não acredita que se interesse pelos seres humanos. Nem mesmo pode vê-lo, tendo compromisso com sua vida, ao contrário, sente-se perseguido. Orgulhoso como um leão, tu me caças, multiplicas proezas contra mim, renovando teus ataques contra mim, redobrando tua cólera contra mim, lançando tropas descansadas contra mim (10,16-17).

Considerando-se discriminado e marginalizado pelo povo, expressa sua insatisfação. Tornei-me objeto de sátira entre o povo, alguém sobre o qual se cospe no rosto (17,6). Deus é retratado por Jó como terrível, injusto e impiedoso por permitir que os mais jovens zombem dele. E agora sou alvo de suas zombarias, o tema de seus escárnios. Cheios de medo, ficam a distância e atrevem-se a cuspir-me no rosto. Porque ele deteve meu arco e me abateu, perdem toda a compostura diante de mim (30,9-11).

Questiona Deus, acusando-o de o vigiar para descobrir suas faltas e eliminá-lo. Considera-o distante e desinteressado de conhecer suas dificuldades e seu sofrimento. Clamo por ti, e não me repondes; insisto, sem que te importes comigo. Tu te tornaste meu verdugo e me atacas com teu braço musculoso (30,20-21).

O sofrimento de Jó estende-se, até ele descobrir, depois de muita espera, Deus presente no meio do povo, e que não há necessidade de retribuição. É exatamente isso que significa rezar, celebrar: encontrar Deus na vida, não apenas para pedir e ganhar alguma coisa, nem mesmo o céu, mas para estar com Ele, fazer parte de seu projeto.

> O livro de Jó é uma contínua discussão sobre a definição de Deus. Há quatro sábios que vão elaborando essa busca teológica e tudo acaba com uma expressão de Jó: "Conhecia-te só de ouvido, mas agora viram-te os meus olhos". A imagem que Jó tem de Deus ao final é diferente da do início. A intenção desse relato é mostrar que a noção desses quatro teólogos não é verdadeira, porque se está sempre buscando e encontrando Deus. E, então, se dá este paradoxo: nós o buscamos para encontrá-lo e, porque o encontramos, o buscamos.[19]

Depois de um período de prova, mudamos nossa visão das coisas, crescemos na maturidade, por isso também podemos dizer que avançamos em nossa compreensão. É exatamente o que acontece com Jó que antes só reconhece Deus porque tinha ouvido a seu respeito. Mas agora meus olhos te veem, por isso retrato-me e faço penitência no pó e na cinza (42,6).

Jó conclui que Deus tinha lhe dado tudo de bom. Então, ao aceitar o sofrimento, descobre o caminho para uma mudança de rota, já que é sempre Deus que se manifesta e age em sua vida. Sua humildade o ajuda a sentir a presença de Deus e o transforma. Igualmente hoje, nossa humildade age em favor de nossa transformação e nos capacita a identificar nosso papel na vida: ser sinal de Deus no meio do povo.

> Quando alguém é autossuficiente, quando tem todas as respostas para todas as perguntas, é uma prova de que Deus não está com ele. A suficiência é observada em todos os falsos profetas, nos líderes religiosos errados, que utilizam a religiosidade para seu próprio ego. É a postura dos religiosos hipócritas, porque falam de Deus, que está acima de todas as coisas, mas não põem em prática seus preceitos. Referindo-se a eles, Jesus dizia ao povo fiel: "Fazei o que dizem, não façais o que fazem".[20]

Sofrimento não é apenas um instrumento para se chegar a Deus, como se fosse necessário um ônus alto antes do recebimento do bônus. Na verdade, é consequência do pecado social, da ganância, da falta de solidariedade. Caminhar contra essa corrente,

[19] BERGOGLIO, Jorge e SKORKA, Abraham, *Sobre o céu e a terra,* p. 25.

[20] Ibidem, p. 39.

acreditar na solidariedade e vivê-la com coerência, pode ser o primeiro passo para encontrarmos a estrada da salvação.

> O mistério da dança é que seus movimentos só se tornam visíveis por meio do sofrimento. Sarar é permitir que o Espírito Santo me chame para dançar e crer de novo em que, mesmo em minha dor, Deus vai orquestrar e guiar minha vida.[21]

O Novo Testamento mostra o caminho de sofrimento de Jesus, desde a infância, seu exílio no Egito, as calúnias, perseguições e acusações, facilmente atribuídas a atitudes de demência, culminando em Sua Paixão e Morte. Em Jesus Cristo, nova Aliança, descobrimos que o caminho que nos leva à Páscoa é o mesmo que passa pela Paixão. Jesus na cruz é a imagem da pessoa vencida, impotente diante de tudo e de todos.

Tendemos a acreditar que é o tempo que cura as feridas, a mágoa e toda a dor. O caminho para a vida passa pela dor, pela pedra descartada, rejeitada, de onde nos vem a salvação. Nós que temos fé recebemos o convite de nos colocarmos diante do sepulcro vazio que passa a ser nosso desafio de vida. Pois, é pela morte por amor, que culmina na ressurreição, que somos salvos e justificados. Como diz Paulo: Com efeito, visto que a morte veio por um homem, também por um homem vem a ressurreição dos mortos (1Cor 15,21).

Também a nós hoje esse é nosso sentido. É no amor que nasce a vida. É quando aceitamos o convite para soltar nossas falsas seguranças, a ilusão da mágica fácil e sem compromisso, quando deixamos de lado todos os apegos desordenados que nos aprisionam, que encontramos a paz que vem como fruto da Ressurreição.

Na parábola da Videira e dos ramos, Jesus apresenta a poda como necessária à vida. Todo ramo em mim que não produz fruto ele o corta, e todo o que produz fruto ele o poda, para que produza mais fruto ainda (Jo 15,2). A dor de ser cortada, para que se

---

[21] NOUWEN, H., *Transforma meu pranto em dança.*, p. 16.

elimine tudo o que impede a produção de frutos de qualidade, é compensada pela abundância da boa colheita.

Antes da multiplicação dos pães, o primeiro movimento dos discípulos foi o de dispersar a multidão, lógica do mercado. Não tiveram maldade nessa atitude, até porque estavam preocupados, pois já era tarde e não havia comida para tanta gente. Porém pareciam estar mais atentos a seu desejo sincero de ajudar o povo a ir embora para arrumar comida e não passar fome, do que entrar em contato com a realidade sofrida de quem não tinha o que comer e reconhecerem como poderiam vivenciar a partilha.

Perdão, o amor que cura

Pense comigo sobre algumas situações pessoais que podem causar sofrimento. Alguma vez você se sentiu invisível, teve a sensação de que poderia sair de algum ambiente ou, até mesmo, morrer e que ninguém sentiria sua falta? Já puxaram seu tapete, fazendo com que você se "estatelasse no chão"? Você já foi excluída(o) de alguma atividade ou função por ser considerada(o) estranha(o)?

Poderíamos ir longe com outros exemplos, mas tenho certeza de que você concorda comigo que conviver nem sempre é fácil. Tenho certeza de que pode lembrar-se de ocasiões causadoras de dor, não apenas física, mas moral. Lembre-se delas. Talvez esteja se perguntando para que lhe proponho isso. Por uma simples razão: você precisa ter consciência da dor e do que ou quem a provocou, sem negar o que aconteceu, por pior que tenha sido. Isso não quer dizer afundar-se de novo no charco do mal-estar, mas entrar em contato com o fato. Porque, na realidade, o que continua doendo hoje é a imagem daquela situação desagradável que já passou. Ao lembrar-se agora você olhará com objetividade, tendo o controle de suas emoções. Só assim poderá ter autonomia para assumir a posse de sua vida e de suas vivências e, assim, livremente decidir o que fazer, como seguir em frente, qual rumo tomar, a despeito de todo o mal que lhe fizeram.

Em uma de suas obras[22], o jesuíta americano James Keenan afirma que a reação da criança a uma situação particular afirmando "Isso é injusto", constitui sua primeira tomada de consciência moral. Pois reconhecer a injustiça nos fornece limites para conhecer o que foi inaceitável.

Por outra parte, ao entrarmos em contato com a dor, também nos damos conta da possível injustiça que alguém cometeu contra nós, o que pode ser bastante razoável. Do mesmo modo, ao identificarmos a situação injusta, devemos usar de **assertividade** na defesa do valor que merece ser defendido. Ser assertiva(o) significa defender o valor que está sendo ameaçado, com firmeza e, ao mesmo tempo, com educação e tranquilidade. Ao contrário, se agirmos com agressividade, além de perdermos a razão, corremos o risco de também cometermos injustiça. Da mesma maneira que violência gera violência não se chega à justiça por meio da injustiça.

Podemos afirmar que justiça é mais do que nos assegurarmos de que toda pessoa tenha trabalho, assistência de saúde ou que as oportunidades de vida digna se estendam a todos os cidadãos. Alguns dos grandes líderes do século XX, em primeiro lugar, reconheceram e expressaram a injustiça antes de apresentarem sua visão de justiça.

Keenan acrescenta que da mesma forma que Martin Luther King, Jr. viu a segregação racial como injusta antes de falar sobre seu sonho, Mahatma Gandhi opôs-se ao racismo na Índia antes de jejuar pela unidade. Nesse sentido, só chegaremos a uma resposta satisfatória se o senso de justiça em nossa própria vida for resultado de nosso hábito de agir com justiça.[23]

O fato de não perdoarmos alguém que agiu contra nós pode nos dar uma sensação de onipotência. Em nossa fantasia a outra pessoa está em nossas mãos, temos o controle de sua

[22] KEENAN, J., *Virtues for Ordinary Christians* (tradução da autora).

[23] Ibidem.

vida, podemos manipulá-la a nosso bel-prazer e, como castigo, negar-lhe o perdão. Entretanto essa atitude de negar o perdão prejudica a nós mesmos, porque nos conserva em regime de escravidão, reféns de nossas lembranças. Na verdade, são as imagens que insistimos em guardar que nos incomodam. Não temos liberdade para agir, embora nem sempre tenhamos consciência disso. Só quando formos bastante livres para nos sentirmos em condições de perdoar o mal que nos fizeram, teremos de fato nos aberto suficientemente para acolher a cura e inaugurar um novo momento para nós.

Para quem perdoa, esse ato restaura a relação da pessoa com ela mesma e por extensão com todas as pessoas e situações.

> Grandes terapeutas e humanistas definem globalmente a saúde humana genuína, dando particular ênfase à capacidade da pessoa de relacionar-se sadiamente com os outros, consigo mesma e com toda a criação. Como espírito encarnado, a pessoa pode considerar-se essencialmente no caminho da saúde quando encontra relacionamentos libertadores com Deus e com o próximo, com a comunidade e com todo o ambiente.[24]

Esquecer a ofensa não é sinônimo de perdoar. Por outro lado, lembrar a ofensa não significa deixar de perdoar, ao contrário, precisamos nos lembrar para saber a quem e o que perdoamos. Não é possível mudar o que aconteceu, o que passou. Da mesma forma que depois de assar o bolo não temos condições de recuperar os ovos, a farinha e os demais ingredientes. Lembrança e esquecimento são atributos da memória.

> O perdão ajuda a memória a curar-se. Com ele, a lembrança da ferida perde sua virulência. O acontecimento desastroso torna-se cada vez menos obsessivo; a lembrança da ofensa já não provoca dor. Assim sendo, a memória sanada liberta-se e pode dedicar-se a outro pensamento, alheio ao pensamento deprimente da ofensa.[25]

---

[24] HAERING, Bernhard, *Livres e fiéis em Cristo*, p. 407.

[25] MONBOURQUETTE, Jean, *A cura pelo perdão*, p. 25.

Também seria falso associarmos o ato do perdão a uma manifestação de superioridade. Nesse caso o gesto de quem perdoa seria de dominação, de poder, semelhante àquele da pessoa que não solta o pescoço de quem a ofendeu. Antes de demonstrar fraqueza, covardia ou vingança, que é outro caminho equivocado, o perdão autêntico não humilha a quem o oferece nem a quem o recebe, ao contrário, revela força, coragem e grande liberdade interior.

Porque nos humilharam ou nos magoaram sentimo-nos incapazes de ver naquelas pessoas quaisquer possibilidades de progresso. Pelo contrário, nós as condenamos ao pântano odioso e irreversível da maldade e da condenação. Por um mecanismo de projeção, vemos em quem nos ofendeu nossos aspectos sombrios, aquelas partes que não admitimos possuir. Ao deixarmos de condená-las, tendemos a vê-las tais quais elas são, pessoas, tais quais nós somos, com inúmeros aspectos positivos e algumas limitações.

Quantas vezes nossa dificuldade para perdoar se prende ao fato de que, por não aceitarmos as pessoas como são, de carne e osso como nós, não super-heróis ou personagens de contos de fadas ou de filmes, queremos que sejam diferentes ou que correspondam a nossos desejos. Chegamos a perder muito tempo pensando em quem nos causou algum mal e em todas as marcas que ficaram. Ao longo da vida muitas das pessoas de nossos relacionamentos, como pais, filhos, colegas, amigos, cônjuges, acabam nos machucando de alguma maneira. Da mesma forma que nenhuma pessoa pode satisfazer inteiramente nosso mais íntimo desejo de amor, precisamos aprender e pôr em prática o perdão.

Inúmeras filhas guardam mágoa de suas mães por estas terem sido rígidas, impedindo-as de crescer e fazer as próprias escolhas. Não é raro que descubram que muitas dessas mães, tendo sido filhas mais velhas, começaram a trabalhar muito cedo, precisando assumir a responsabilidade pelos irmãos mais novos e até pelos trabalhos da casa. Passaram em branco pela infância, sem direito a brincadeiras e alegrias, da mesma forma que não viveram a adolescência, como uma fase de aprendizado e crescimento. Na juventude, assimilaram um sentido equivocado de responsabilidade e cresceram amargas, angustiadas e temerosas diante da vida.

> Entre, porém, as pessoas que nos amam do jeito certo ou não tão certo, o amor de Deus nos alcança. Se pudermos compreender, acima da estática e das distrações da vida tumultuada, perceberemos que o amor de Deus veio antes de alguém machucar-nos ou causar-nos mal. Esse amor irá existir sempre, mesmo depois de nossa morte.[26]

Não é fácil descobrir as motivações que levam uma pessoa a ofender, maltratar as demais. Entretanto, à medida que temos claro que toda pessoa está em busca de um bem, mesmo que de forma equivocada e, por vezes, às custas do sofrimento de outras, podemos mais facilmente encontrar o caminho do perdão. Não quero justificar os comportamentos agressivos ou maldosos, apenas considero que quando temos alguma pista dos motivos que desencadearam tal atitude, aparentemente injustificável, seremos imparciais em nosso julgamento.

O perdão, como tudo na vida, é processo, depende não só de paciência para se chegar a ele, mas de tempo e de uma decisão firme para dar o primeiro passo e prosseguir nesse caminho. Um olhar verdadeiro para nosso interior pode ser a primeira ferramenta nessa experiência exigente. É preciso que tomemos consciência de nossas emoções: guardamos ódio, desejo de vingança, ressentimentos, rancores, mágoas antigas e mal resolvidas.

Em primeiro lugar temos necessidade urgente do autoperdão por nos deixarmos enganar, por não termos tido lucidez suficiente, porque fomos covardes e não nos posicionamos de modo adequado. Ou por tantas outras mágoas e outros sentimentos negativos que podemos ter conservado a nosso respeito e que podem nos obrigar a viver no beco sem saída da culpa.

Perdoar-se é a base fundamental para todos os outros momentos de perdão. Quando aceitamos nossas ações, por mais

---

[26] NOUWEN, Henri. *Transforma meu pranto em dança*, p. 77.

inadequadas que tenham sido, e nos perdoamos, igualmente somos mais livres para compreendermos quem nos ofendeu e, até mesmo, para descobrirmos dimensões a seu respeito ou partes de sua história de vida que desconhecíamos. Do mesmo modo, ao aceitarmos o sofrimento como consequência de nossa criaturidade e nos autoperdoarmos por nossas fraquezas, passaremos a vê-lo como oportunidade para crescermos, para seguirmos adiante no caminho de nosso amadurecimento.

Como vimos um pouco antes, uma coisa é aceitar, outra muito diferente é concordar. Aceitar é dado de realidade, é bom senso, é amor à verdade, é o mesmo que ter os pés no chão. Por esse motivo, podemos aceitar quaisquer situações, mesmo quando não concordamos com elas por serem injustas, dolorosas etc. Uma vez que tomamos consciência da necessidade do autoperdão, percebemos que soará mais leve a recomendação de Jesus quanto a amarmos os inimigos. Com Jesus aprendemos que só o amor cura.

Quantas vezes perdemos a única oportunidade que temos de viver o presente e manifestar o amor que sentimos por outra pessoa. Porém é verdade que só podemos viver o amor e comunicá-lo se ele fizer parte de nossa vida. Quando o amor deixa de ser incondicional e impõe condições para que exista, pode-se dizer que isso ocorra de nossa crença de que Deus não pode agir, porque é Ele que está no comando. Muito se fala sobre o amor, mas tão pouco se vive o amor. Mais do que um conceito, amor é vida real, concretude.

> Merton escreveu a seu amigo James Forest: "Tudo que você fizer de bom não o fará por si mesmo, mas, sim, por se permitir, em obediência à fé, ser usado pelo amor de Deus. Reflita mais sobre isso, e, gradualmente, ficará livre da necessidade de provar alguma coisa a si mesmo, podendo ficar mais aberto ao poder que atuará através de você sem seu conhecimento".[27]

Vejamos a seguir as várias possibilidades que podemos encontrar para fazermos mudanças para melhor.

[27] NOUWEN, Henri, *o. c.*, p. 70.

2

MUDANÇAS NECESSÁRIAS

Mudar é condição

Em nossos dias, a tecnologia tem sido um dos principais fatores de mudança. Pense nisso, há dez anos podíamos até perceber a aceleração do desenvolvimento tecnológico, embora nem sempre fôssemos capazes de prever sua disseminação. Os jovens de hoje, que aprenderam a usar a linguagem digital, estão sendo suplantados por crianças e adolescentes inteiramente familiarizados com essa tecnologia.

Nessa mesma linha, em termos políticos, talvez, tivéssemos uma ideia pálida de que ocorreriam mudanças. Porém não teríamos condições de afirmar quais seriam, em que momento e relacionadas com quais pessoas.

A mudança faz parte da vida. Estamos em constante mudança até o fim. Aprendíamos em nossos primeiros estudos que todos os seres vivos nascem, crescem, reproduzem-se (ou não) e morrem. A cada geração podemos assinalar inúmeras mudanças, desde os neologismos nas línguas vivas. Das palavras que usamos hoje, quantas não conhecíamos há pouco tempo. Muitas mais desde a época de nossos avós.

As variações na moda, nos costumes, o avanço tecnológico que nos garante mais comodidade, a internet que diminui as distâncias e muito mais têm sido adicionado a nosso repertório ao longo dos anos. Toda essa evolução está dentro das leis da natureza, faz parte do progresso. Não fosse assim, ainda estaríamos na pré-história, morando em cavernas.

Porém, além dessa mudança natural, existem outras tantas que podem depender de nós e, quantas vezes, só de nós. É importante mudar algo em nossas certezas, em nossa maneira de enxergar o mundo, para podermos ser melhores, chegar a nossa síntese e ao âmago de nossa essência. Isso porque não nascemos prontos, vamos construindo nossa existência ao longo dos dias e dos anos. Quando isso acontece, parafraseando Fernando Pessoa, é como se reinventássemos o mundo a partir de nossa vida.

Quanto nosso país tem mudado, bem como os países com os quais interage! Lidar com essas mudanças pode ser grande desafio às nações e seus cidadãos, para que se adequem e usem de bom senso e de criatividade diante de novas situações. Toda mudança exige maneiras próprias de se encarar o novo, o que também requer respostas que façam sentido.

> A maioria das pessoas, entretanto, resiste às mudanças. É mais fácil, mais confortável, menos desafiador cantar as canções antigas, jogar com as mesmas velhas regras.[1]

Correr riscos prudentes é necessário quando se pensa em mudança. Permanecer na rotina, naquilo que é conhecido, tende a nos trazer uma sensação de segurança, de termos onde nos apoiar, mas também pode denotar falta de confiança em nossas possibilidades. Por vezes, esse pretenso apoio pode contribuir para nos acomodarmos: não precisamos decidir, tomar iniciativas, tudo já está pronto. Enquanto o novo pode apresentar-se como arriscado e, por que não dizer, perigoso, simplesmente por ser desconhecido e ainda não ter sido experimentado.

Mudar pode ser encarado como risco, porque implica em nos desacomodarmos para sair do conhecido, por isso confortável, para nos envolvermos com o que ainda não aprendemos a conviver.

---

[1] GREEN, Thomas, *Drinking from a dry well*, p. 15. Tradução da autora.

Mudamos de casa, de trabalho, de cidade e por aí vai. Para nos adaptarmos às mudanças, quantas vezes precisamos deixar de lado nossa segurança anterior, algumas amarras ou, até mesmo, subterfúgios que nos acostumamos a usar e foram essenciais em outra fase da vida. Por exemplo, nosso modo de ser na infância foi válido enquanto éramos crianças e tínhamos necessidade de garantir que alguém cuidaria de nós. Mas é necessário abrirmos mão de nossa segurança infantil ao passarmos para a adolescência, nova fase, sem, contudo, precisarmos nos desfazer do jeito alegre e descontraído de seguir vivendo.

> A capacidade de mudar e de aprender é intrínseca. Superar o efeito das injunções é um processo de aprendizado. A princípio, um processo de desaprendizado, e depois um processo de reaprendizado – um aprendizado de uma nova maneira de viver e de correr riscos para realizar e possuir essa nova vida.[2]

Como todas as coisas mudam a nosso redor, desde a paisagem de nossa cidade às diferentes formas de convivência entre as pessoas, também fazemos frequentes atualizações para nos adaptarmos ao novo, que se nos apresenta a cada momento. Ao visitarmos depois de algum tempo a cidade onde nascemos, certamente vamos encontrar inúmeras alterações. Quantas casas poderão ter sido reformadas ou demolidas, sendo substituídas por outras mais modernas ou dando lugar a prédios, com os quais nem sonhávamos.

Quando olhamos para um retrato nosso na infância, embora identifiquemos lá nossa imagem, ficam claras quantas diferenças aconteceram em nós, em nossa aparência, ao mesmo tempo em que continuamos a mesma pessoa. Ou, por exemplo, se compararmos como éramos há dez anos, vamos perceber que alguns aspectos em nós estão mudados. Crescemos, engordamos ou emagrecemos, nossa pele foi ficando mais flácida ou enrugada, também o grisalho de nosso cabelo demonstra a passagem do

[2] ABELL, Richard G., *Seja Dono de sua própria Vida*, p. 228.

tempo. Porém, embora vivamos um processo constante de mudança, nenhuma pessoa pode mudar inteiramente, ela continuará sendo a mesma em sua essência.

O efeito do tempo em nossa vida pode ser sentido na pele, na perda de massa muscular, no cabelo que já perdeu a cor original ou na memória, já menos ágil. Essas mudanças involuntárias somente aos poucos vão sendo percebidas. Entretanto, quando falamos em mudança, não nos referimos apenas a aspectos físicos. De modo especial, é mais trabalhoso mudar de mentalidade e de atitudes, deixar de lado preconceitos, que foram se instalando até se cristalizarem com o passar dos anos. Mas pode ser o caminho para, de igual modo, chegar-se a um patamar que expresse a liberdade de ser de um "jeito novo", mais autêntico, mais identificado com o que somos hoje.

Mudar nem sempre depende de necessidade. Pode ser apenas o desejo de fazer diferente, alterar algum detalhe na aparência, como a cor ou o corte do cabelo. O que acaba sendo uma realidade mesmo para pessoas que se aceitam ou gostam do modo como são. As experiências vividas vão deixando marcas que possibilitam a alguém reconhecer-se agora como uma nova pessoa, mudando o tempo todo.

Isso acontece porque, como dizia Aristóteles, vida é movimento, e enquanto vivermos teremos possibilidade de alterar ou restaurar alguma coisa em nós. Basta termos desejo e permissão de acolher a mudança com que nos deparamos a cada momento. Cada dia tem sua beleza e sua característica própria. Cada nascer do sol, por mais que aconteça sempre no mesmo lugar, traz tonalidades diferentes. Da mesma forma, o pôr do sol carrega traços coloridos próprios, sendo também irrepetível.

Acreditar que a mudança é possível e desejar mudar é um dos pontos para que ela aconteça. Isso também implica uma atitude de abertura, de atenção e de confiança em vista de que o que se pretende se torne realidade. Portanto, não basta querer mudar, é necessário acreditar nas possibilidades e investir no novo caminho. As mudanças podem ser vistas como ajustes ou acertos necessários em vários momentos de nossa vida com o objetivo de conquistar ou preservar a autoestima. A responsabilidade pela mudança, ou sua omissão, é resultado de nossa autonomia.

O sentimento de acomodação diante do que já é habitual, sem dúvida, leva-nos a resistir não só às mudanças pessoais, mas também às mudanças nos costumes ou no mundo em geral. Ao mudarmos algo que já faz parte de nossa rotina, podemos nos sentir frágeis, como se perdêssemos pontos de referência ou parâmetros de segurança. Por vezes, essas perdas referenciais estão relacionadas a alguma de nossas carências. Precisamos ter certeza de nosso potencial, daquilo que nos apoia internamente, para podermos escolher com segurança o novo que se nos apresenta.

Inúmeras pessoas se autodefinem como "eu sou assim", "tenho pavio curto" ou, pior ainda, "não tenho pavio", considerando-se irrecuperáveis. Verdade é que toda pessoa pode ser melhor e, para tanto, muitas vezes, é necessário mudar alguma coisa. Para que isso aconteça, em primeiro lugar, precisa haver o desejo de conhecer-se, de entrar em contato íntimo com suas vivências e seus conteúdos da pele para dentro. É importante reavaliar conceitos e crenças, muitas vezes acolhidos sem filtragem, para que seja possível descobrir sua atualidade no presente. As mudanças internas são as mais difíceis de ser realizadas e, muitas vezes, as mais necessárias.

Vale lembrar que toda mudança requer um **motivo forte** e eficaz para acontecer. Para recuperar a saúde, alguém procura o médico e segue suas orientações; para conquistar uma promoção no emprego, a motivação pode ser o estudo para capacitar-se mais e melhor; para ter sucesso no vestibular é preciso organizar bem as atividades do dia de modo a conciliar estudo e vida pessoal/social, assim por diante. Para que tudo isso se torne realidade, é necessário ter ideias claras a respeito do que se quer mudar ou fazer diferente. A clareza a esse respeito e sobre a meta a alcançar são imprescindíveis para que a mudança aconteça. Não basta elencar uma série de razões, é preciso trazê-las para o plano concreto. Igualmente seria trapaça relacionar coisas ou situações que vão além da possibilidade. Por exemplo, alguém que colocasse como base para a mudança a realização de uma fantasia ou de algo fora de sua condição atual.

Quantas vezes vamos nos acostumando com a monotonia apenas por não nos permitirmos inovar. O critério a ser seguido quando se pretende fazer algo novo, diferente, é apenas perguntar antes: Isso me prejudica ou prejudica alguém, a curto, médio ou longo prazo? No caso de a resposta ser **sim** ou se houver alguma dúvida a respeito, o mais adequado será mudarmos de alternativa. Por outro lado, se a resposta for negativa, ou seja, ninguém nem nós teremos prejuízo, vamos em frente, escolhendo e assumindo as mudanças. Ousemos, portanto, mudando o que pode ser mudado.

Depois da tomada de consciência de quais metas queremos alcançar, o próximo passo será assumirmos o compromisso da mudança com **responsabilidade**, no sentido mesmo de dar respostas coerentes com esse projeto. Sem esse passo, de nada adiantaria apenas querer e continuar no mundo das ideias. Tendo claro qual tarefa desejamos realizar e depois de observar os prós e os contras, o mais razoável será concretizá-la, torná-la real.

Intolerância *versus* mudança

Toda e qualquer mudança é o resultado do empenho que empregamos para nos libertarmos da rotina, do já visto, das receitas prontas. Tendo certeza do que queremos ou precisamos mudar e de aonde queremos chegar, será mais fácil encararmos nossos medos e nossas inseguranças diante do novo e partirmos para sua concretização.

Escolhemos novos caminhos ou traçamos rotas alternativas, saindo da mesmice, para vivermos melhor. A cada dia podemos nos reinventar, reescrever nossa história, tomar a direção de nossa vida, descobrindo em nosso potencial variedades de que nem suspeitávamos.

A consciência crítica é uma das qualidades de quem quer ter clareza em suas escolhas e atitudes. Não tem a ver com a crítica gratuita, ou seja, criticar sem critério, que é resultado de falta de observação. Mas é saber aprofundar a reflexão, tomar consciência de si mesma e do que a cerca, percebendo as diferenças e, quem sabe, semelhanças, indo além das aparências. Não apenas criticar como quem discorda de tudo. A intolerância obscurece a razão e os pensamentos, impedindo que se chegue a uma percepção objetiva, isenta de artifícios.

A pessoa intolerante também é inflexível, não aceita correções já que se considera sempre com a razão. O hábito a leva de tal forma à crítica que não se permite ver o lado bom das coisas, julga tudo e todos como se fosse a dona da verdade. Tal comportamento a impede de ter contato com a realidade, de ser imparcial e ver as coisas com objetividade, como elas são.

> Essa tendência se generaliza, mesmo com relação a pessoas que nem conhece enquanto vai pela rua, achando por bem dar opiniões sobre o modo de andar de um, o mau gosto no vestir de outro, o fato de alguém estar jogando papel de sorvete na calçada, a lentidão do motorista da frente em começar a andar quando abre o sinal (ocasião em que sua mão vai direto para a buzina, quando não lhe grita algum palavrão).[3]

Quem é intolerante em geral precipita-se no julgamento de tudo que vem das outras pessoas, acredita que já sabe o que vão dizer, não lhes permitindo terminar o que falam nem mesmo explicar suas colocações. Como só ouve os próprios pensamentos, não sabe dialogar. Julga igualmente que sabe tudo o que as pessoas pensam ou sentem, por isso se antecipa às conclusões, muitas

[3] LACERDA, M. P. de, *Por que Não,* p. 19.

vezes acrescentando: eu sei o que você está sentindo. Não admite que lhe chamem a atenção e imediatamente transfere para os outros os eventuais enganos que lhe atribuem. Por não ter certeza do próprio valor, sua autoimagem é bastante desfocada. Por isso precisa aparentar uma força que não tem, escondendo-se na casca grossa de uma falsa segurança. Quando anda, costuma ser apressada, seu ritmo é acelerado. Quem se coloca a seu lado sente dificuldade de acompanhá-la.

Habituamo-nos tanto com nossa rotina que acabamos não percebendo nossa rigidez quanto a atitudes que tomamos no dia a dia. Colocamos nossa segurança no que já é conhecido. Fazemos diariamente o mesmo caminho de casa para o trabalho e vice-versa, passando pelos mesmos lugares, cumprimentando as mesmas pessoas.

Quantas vezes vivemos grande monotonia em nossos ambientes em que tudo está previsto. Não ousamos modificar nem mesmo alguns esquemas por termos dificuldade de lidar com o novo. Por receio do que "as pessoas" podem pensar de nós, seguimos na submissão e, o que é pior, muitas vezes, vivendo grande insatisfação ou sendo infelizes. Usamos o mesmo corte de cabelo, as mesmas cores de roupas, nem sempre por opção, mas, quem sabe, por nem nos permitirmos entrar em contato com nossos sentimentos e conhecer nossos desejos.

Inúmeras vezes, em vista de uma educação repressora, desconhecemos ou nem mesmo nos vem à consciência de que **desejo** e **prazer** caminham juntos. Nesse sentido, sendo intolerantes, não só fica comprometida a descoberta do prazer, mas a possibilidade de fazermos uma mudança que nos leve a uma vivência prazerosa.

Pode acontecer de termos dificuldade de nos livrarmos de algumas injunções que temos vivido desde a infância, quando nossos pais, professores ou alguns outros adultos, com quem convivíamos, escolhiam por nós a maioria das coisas que devíamos fazer. Podemos dizer que as injunções são **ordens** que ficaram gravadas em nosso inconsciente. Enquanto não chegam a um nível consciente, vamos repetindo alguns comportamentos sem nos darmos conta de que vieram de fora, foram-nos impostos por alguém. Se, por um lado, esse costume era cômodo, alguém escolhia por nós, não tínhamos trabalho para decidir ou coisa parecida, por outro, nossa autonomia não era exercitada.

Crianças, em geral, são dependentes dos pais. Só que levamos tempo para perceber que, quando a infância termina, também deve terminar a dependência passiva. Há diferença entre dependência ativa e passiva. Alguém é dependente passivo quando não tem acesso às escolhas a respeito de sua vida. Aqui está a criança ou alguém que não tenha condições de decidir e escolher por si mesmo. Sempre dependemos de alguém em nossa vida, do motorista do ônibus, do coletor de lixo, do profissional de saúde e de outras tantas pessoas. A diferença nesses casos é que nós decidimos de quem depender, tomamos parte ativa nesse processo, nossa autonomia não é afetada.

Para mudar a realidade externa é necessário que mudanças internas venham antes. Há vários tipos de mudanças na vida de uma pessoa, desde as mais significativas, as internas: hábitos, mentalidade, modo de encarar ou de agir em uma determinada situação; e as externas: mudar de casa (de endereço) ou na casa (alterar a posição dos móveis, reformar), de cidade etc. A realidade objetiva pode ser percebida dentro de parâmetros subjetivos, isto é, cada pessoa tem uma maneira própria de apreender o externo. Muitas vezes, diante de uma mesma notícia ou situação, cada pessoa reage de uma forma diferente. Detalhes relevantes para algumas podem ser insignificantes para outras.

A mudança de mentalidade, como abrir mão de preconceitos, do jeito antigo de ser – "em minha época era assim" ou "não converso com esse tipo de pessoas" ou "isso não faz parte de minha educação" –, pode nos custar muito por envolver nosso modo de ser e nossa visão de mundo. Deixar de lado esse tipo de atitude é, sem dúvida, muito difícil, porque implica em um jeito novo de ver a si mesmo e de ver a vida. Isso não quer dizer deixar de lado valores e princípios, mas ter abertura para aceitar e acolher as diferenças e outras reais possibilidades.

É saber transitar pelo mundo sem temermos a "contaminação" com aquilo que não faz parte de nosso repertório conhecido. É sairmos do próprio espaço, podendo ter atenção para o novo. Sem rejeição, perda ou conflito com nossa identidade, ao contrário, tendo nos permitido viver o processo de assimilação e de aprendizagem da própria cultura, endoculturação. Adaptar-nos ao novo, ou seja, inculturar-nos, abrir-nos a novas possibilidades. Nesse sentido, com a Encarnação de Jesus Cristo, podemos afirmar que Deus inculturou-se na humanidade.

O costume, e por que não dizer certo comodismo, leva-nos a repetições de modelos que outros nos apresentaram como válidos. Quantas vezes nem mesmo costumamos questionar se certas práticas fazem sentido para nós. Posturas flexíveis quanto às situações do dia a dia, desde a escolha de produtos em um supermercado, mudança de lugar de algum móvel, permissão de um caminho diferente para o trabalho ou a seleção de uma música nova, podem ser um exercício facilitador para suavizar algumas de nossas intransigências.

Lembro-me da história de uma jovem esposa que toda vez que preparava carne assada costumava cortar as duas pontas da peça ao colocá-la na travessa. Isso causava estranheza ao marido que um dia resolveu perguntar a ela a razão daquele costume. A resposta da esposa foi simples: aprendera com sua mãe. Entretanto, o marido não ficou satisfeito com o que ouviu e, em momento oportuno, perguntou à sogra. Esta disse-lhe que sua mãe também fazia daquela maneira. Como a avó de sua esposa morava por perto, logo que ele a visitou, fez-lhe a mesma pergunta. Ela simplesmente respondeu que sempre cortava as duas pontas da carne assada para que pudesse caber na pequena travessa, que era a única que havia em sua casa.

Tal qual a história, quantas vezes vamos repetindo alguns gestos, costumes, sem nenhum sentido para nós e, o que é pior, sem nenhuma reflexão ou qualquer questionamento.

O discernimento no centro da mudança

Diante de tantas solicitações em nosso mundo, precisamos ter atenção especial sobre o que queremos fazer ou qual caminho pretendemos seguir. Santo Inácio de Loyola, em seus Exercícios Espirituais, aponta-nos critérios objetivos para o discernimento. Faz parte da natureza humana a tendência para ser mais, crescer, realizar-se para ir ao encontro da plenitude, da transcendência.

> O homem enquanto tendência prévia a sua decisão pessoal não vê limite em seu querer, em seu aspirar. Ser-para-o-infinito é-lhe espontâneo, atemático, prévio a qualquer ato concreto, de tal modo que nenhuma ação determinada pode satisfazê-lo totalmente. O homem é sempre um irrealizado, porque se está sempre realizando.[4]

A fé é considerada a atitude básica, sem a qual não se pode pensar em discernimento, nem mesmo que proceda de Deus qualquer moção interior ou qualquer disposição, por melhor e mais nobre que seja. O discernimento é fruto do Espírito Santo.

As Sagradas Escrituras estão repletas de exemplos reveladores das manifestações de Deus. O Evangelho de Mateus, ao citar José, homem justo, mostra que a ação de Deus só pode ser percebida pelas pessoas que escutam Sua palavra. Enquanto ele decidia deixar Maria para não a denunciar publicamente, recebeu em sonhos a visita do anjo do Senhor. "José, filho de Davi, não temas receber Maria, tua mulher, pois o que nela foi gerado vem do Espírito Santo" (Mt 1,20).

---

[4] LIBÂNIO, J. B., *Discernimento Espiritual*, p. 81.

São João, em sua Primeira Carta, mostra que o amor ao próximo supõe discernimento. "Aquele que não ama seu irmão que vê, como pode amar a Deus que não vê? Ele é um mentiroso" (1Jo 4,20). A fé é essencial ao discernimento, Paulo, em seu Hino ao Amor, acrescenta que sem ele tudo perde o sentido: falar a língua dos homens e dos anjos, o dom da profecia, fé plena, distribuição dos bens, entregar o próprio corpo às chamas... "Agora, portanto, permanecem fé, esperança, caridade, essas três coisas. A maior delas, porém, é a caridade" (1Cor 13,1-13).

Toda mudança verdadeira, profunda, requer tempo. Descobrimos a necessidade de que o discernimento aconteça na presença de Deus para que seus sinais sejam percebidos e se possa chegar à verdade. Nem sempre a primeira decisão costuma ser a mais adequada, por isso precisamos gastar tempo para discernir e avaliar interiormente. A humildade – que nada mais é do que amor à verdade — e a obediência mantêm a pessoa em condições de abertura, de escuta, diante de alguém que tenha mais experiência e competência para discernir a Vontade de Deus. A busca do ser humano pelo Absoluto é constante, e apenas o encontro com o Senhor o sacia.

> Fizeste-nos para ti, e inquieto está nosso coração, enquanto não repousa em ti.[5]

A generosidade dá o tom especial ao discernimento. Quem honestamente se interessa e faz todo o possível para conhecer o melhor caminho para sua vida demonstra que quer crescer sempre mais em uma atitude de entrega generosa. Isso se evidencia pela renúncia, isto é, deixar de lado algo bom para ir ao encontro do melhor. "E quem quer que tiver deixado casas, irmãos, irmãs, pais, mães, filhos ou terras por causa de meu nome, receberá muito mais; e terá em herança a vida eterna" (Mt 19,29).

---

[5] SANTO AGOSTINHO, *Confissões*, 1-1.

3

SER OU TER?

Ser como vocação

O ser humano, mais do que alguém que é, pode ser definido como alguém chamado a ser lançado para frente, para o futuro. Sua história de vida está sempre mais ligada à resposta ao chamado que recebe diariamente nas diferentes situações. Sendo, portanto, pessoa consciente, sujeito e objeto de sua reflexão, tendo condições de tomar contato e interpretar a realidade interna e a externa. A capacidade de refletir liga-se ao desejo de expressar ou de comunicar o que sente, de fazer escolhas e assumi-las com compromisso e responsabilidade.

A busca por um contato mais íntimo, a descoberta de sua identidade, o encontro mais profundo consigo mesmo, tem se constituído uma das tarefas para a vida. Embora nem sempre consciente, é próprio de cada ser humano querer saber "Quem sou eu?", a pergunta mais angustiante que alguém pode fazer a seu respeito. A resposta é processo que dura toda a vida e, como tal, também é nossa tarefa.

Apesar de todo o progresso do mundo moderno, o século XX não ofereceu respostas para as grandes dúvidas do **ser**, "para onde estamos indo?", "o que estamos fazendo aqui?" Além disso, houve, ao contrário, grande questionamento dos valores, gerando medo, insegurança e incertezas em todos os campos. Podemos nos referir a esses momentos, como de crise, que tendem a tornar o ser humano questionador e a procurar transcender a si mesmo. De algum modo, esses momentos igualmente sinalizam que Deus está sendo buscado.

No momento da crise do **ser** emerge a questão da identidade. Toda crise pode levar à infantilização, a uma atitude de fuga, de sentir-se incapaz de encontrar saídas, de só querer "colo". Ou, por outro lado, a arregaçar as mangas, indo ao encontro de possíveis caminhos de solução. Pode ser oportunidade de permitir que a Graça de Deus atue, de assumir nossa fragilidade, nossa situação de criatura, para repetir com o apóstolo Paulo: "É quando sou fraco que sou forte" (2Cor 12,10).

O mundo sempre começa de novo com cada criança que nasce. As mesmas experiências novas, seguidas de muitas interrogações, acontecem. Nascemos, recebemos um nome que nos identifica e nos diferencia de outras pessoas. As descobertas se renovam diariamente: em primeiro lugar o contato com nosso corpo, nossos braços, nossas mãos, pernas, com nossa singularidade que nos permite sermos quem somos, sem nos confundirmos com mais ninguém. O primeiro chamado de cada ser humano é para a vida.

> Perguntar pela vocação de alguma coisa ou de alguém é perguntar a que ele está destinado e a qual futuro está chamado. A vocação orienta-se eminentemente para um futuro. Deve realizar-se no presente, mas sempre como abertura e chance para o futuro. Por isso a vocação é uma tarefa constantemente a ser realizada.[1]

Vamos tomando consciência de algumas necessidades, fome, frio, sono e, aos poucos, de nossa realidade interna, nossos sentimentos e nossas emoções que fazem de nós seres únicos. Somos capazes de nos reconhecer, "Esta(e) sou eu!", não apenas quando olhamos nosso retrato, mas quando nos confrontamos com nosso modo de ser. Mais adiante, percebemo-nos rodeados por uma realidade externa que vai além de nós mesmos, o mundo lá fora com todas as outras pessoas e situações das mais variadas, que esperam de nós respostas.

[1] BOFF, L., *O Destino do homem e do mundo,* p. 11.

O costume antigo de as famílias se visitarem para conversar, para comemorar alguma data, ao mesmo tempo que favorecia nossa interação com outras pessoas, também era momento em que nosso modo de ser, nossos sentimentos mais profundos, podiam ser confirmados e, por que não dizer, confrontados com os das demais. Era, talvez, oportunidade de, sem precisarmos copiar os outros, treinarmos nosso jeito de ser na vida.

Com o passar do tempo, com o crescimento das cidades, as distâncias também aumentaram. Teve início, então, um processo de quebra de relações primárias, enquanto relações secundárias foram sendo instaladas. A máquina, o computador, passou a assumir o valor da pessoa. O contato virtual passou a ser mais fácil, já que evita o confronto pessoal, olho no olho, que tantas vezes nos constrange, questiona-nos e nos incomoda. Como o anúncio de um aplicativo, que destacava uma de suas vantagens para quem o usasse, não ser preciso falar com ninguém. Como se a comunicação entre os humanos fosse ameaçadora, algo a ser evitado.

Cada pessoa é um ser único, original. Esperar por um comportamento padronizado seria destruir a novidade, não lhe permitindo ser quem é. O ser humano, como um ser de relações, é capaz de viver, estar ***no*** mundo e optar por estar ***com*** o mundo, tendo consciência crítica sobre os fatos, anunciando e denunciando, permitindo-se ser protagonista, com seus iguais.

Dançar a dois, contato real, foi substituído pelo espetáculo individual e exibicionista, em que cada pessoa ocupa um espaço e fica solitária, independentemente de quantas outras estejam a seu redor. Namorar cedeu espaço ao "ficar", em que o contato dos corpos é apenas epidérmico, sem responsabilidade ou compromisso atual com a pessoa que está ao lado, nem para o dia seguinte. Inúmeros jovens "ficantes" no fim de semana, apenas na volta às aulas ou ao trabalho na segunda-feira seguinte, perceberam que não foram levados a sério. Sentindo-se desconsiderados, viveram momentos de decepção, frustração, constrangimento, muitas vezes seguidos de crises depressivas.

Para entrar em contato com outras pessoas, precisamos, em primeiro lugar, estar em sintonia com nosso próprio eu. Nossa identidade precisa ser conhecida por nós para assim ser possível conhecermos o outro, que se aproxima de nós e nos confronta.

Durante anos o processo migratório muito acelerado tem levado ao desenraizamento, à massificação, culminando na exclusão e na consequente solidão. Muitas pessoas, ao perderem suas raízes culturais e familiares, sentem-se ameaçadas em sua identidade, passando a viver em um quase anonimato. Várias delas nos grandes centros urbanos vivem solitárias, desconectadas do mundo e carentes de afeto. Os encontros e as visitas familiares foram diluídos pelos tantos compromissos, supostamente impostos pela necessidade de sobrevivência.

Muitos de nós crescemos escutando que a passagem para a felicidade ocorre necessariamente pelo poder de consumir bens. Os meios de comunicação nos bombardeiam diariamente com anúncios de publicidade que incentivam nosso desejo, criam novas necessidades e associam o viver bem com o dinheiro, que nos abre as portas para **ter** sempre mais, com a promessa de que seja esse o caminho para **ser** mais.

Leo Buscaglia[2] costumava afirmar que as escolas funcionam bem quanto à grade curricular, itens relacionados à seleção das disciplinas, à confecção do horário. Porém não dedicam a mesma atenção para promover o ser humano. Lembrava-se consternado de uma aluna, moça bonita, criativa, de mente brilhante, que tinha se atirado de um penhasco em Pacific Palisades, Califórnia, por total falta de sentido de vida. E se perguntava o que estariam fazendo, enchendo os alunos de fatos e esquecendo-se de que são pessoas, seres humanos.

---

[2] BUSCAGLIA, Leo, *Vivendo, Amando e Aprendendo,* p. 22-23.

Diante de uma realidade que subestima o indivíduo e subverte os valores, o desafio que se nos impõe parece ser o de encontrarmos meios que facilitem o resgate do **ser**. Precisamos cuidar mais de nossa individualidade, aquele traço especial que faz de nós seres únicos, irrepetíveis. As pessoas podem apresentar semelhanças entre si, mas suas características, suas particularidades, fazem-nas diferentes umas das outras.

Na sociedade atual os bens materiais ocupam espaços imensos no imaginário das pessoas. O esquema mais valorizado é o de ter sempre mais dinheiro, roupas, carros, joias e por aí vai. Para a preservação e conservação de tantas coisas, acabam sendo necessários muitos outros investimentos, cofres, armários, cercas eletrificadas, controles de segurança, muros que, mais que proteger, aprisionam as pessoas, tornando-as solitárias e amedrontadas diante da possibilidade de convivência. Sentem-se ameaçadas e desconfiadas, como se não pudessem mais confiar em ninguém.

> Honestidade e franqueza neutralizam nossas tendências doentias. Honestidade e franqueza, vontade de nos revelar com imperfeições e tudo, fazem-nos reais. Colocam-nos em um contato com a realidade que nos permite crescer e nos tornar tudo que podemos nos tornar.[3]

Na verdade, precisamos construir pontes e, quantas vezes, ser pontes que possibilitem os encontros e desfaçam a sensação de abandono, descobrir mecanismos que libertem as pessoas da solidão e as ajudem a resgatar sua identidade e autoestima. Como diz o Salmo 133: "Vede: como é bom, como é agradável habitar todos juntos como irmãos que se amam".

As interfaces do ter

Para muitas pessoas a finalidade da vida relaciona-se muito mais com o **ter**: ganhar muito dinheiro para conquistar o maior

[3] POWELL, John, BRADY, Loretta, *Arrancar máscaras! Abandonar papéis!*, p. 64.

número de bens materiais do que com o **ser**. Os anúncios na televisão e na mídia em geral promovem nas pessoas uma necessidade maior de ter. É preciso ter para ser, é a condição anunciada. As mensagens subliminares sugerem que o caminho para **ser** começa e está intimamente ligado ao **ter**. Consumir roupas, joias, carros, bens materiais para, mais do que enfeitarem, disfarçarem a carência de seres fragilizados por uma sociedade que não os valoriza.

Um fato curioso da vida de Zêuxis, célebre pintor grego, que viveu entre 464 e 398 a.C., lembra que, em certa ocasião, pediu aos alunos que pintassem o retrato de Ceris, a deusa da agricultura. Depois de algum tempo, ao verificar a conclusão dos trabalhos, deparou-se com um que chamou sua atenção. O discípulo pintara a deusa coberta de joias, muitos colares, diademas, anéis. O comentário de Zêuxis foi surpreendente. Disse que o aluno não a fizera bela porque procurou apenas fazê-la rica. Parece ilustrar bem a tendência a se associar a aquisição de bens materiais como representativa do sucesso de uma pessoa.

Frequentemente escutamos pessoas dizerem que querem ter tal tipo de carro, aquela casa especial ou muito dinheiro. Com menos frequência conhecemos quem quer ser mais gente, mais pessoa. Menos frequentemente encontramos alguém que, pelo simples fato de ter muitos bens, está sendo um ser humano melhor, mais solidário.

Ter sempre mais contribui para que haja cada vez desigualdade social, mais ricos e mais pobres, acontecendo na contramão do que propunha a Encíclica *Populorum Progressio*, do papa Paulo VI "que os pobres sejam menos pobres e os ricos menos ricos". Para diminuir a pobreza não é necessário eliminar a riqueza, mas favorecer a construção de um mundo em que todas as pessoas tenham direitos iguais, em que reine a equidade e onde todas as pessoas possam igualmente beneficiar-se dos bens da criação.

Certa ocasião, um senhor conhecido nos contou que quando certo amigo seu viajava tudo o que tinha de roupas e objetos pessoais ele levava dentro de uma mala. Nessas ocasiões seu armário ficava vazio. Ter apenas aquilo que se pode carregar é um dos maiores exemplos de desprendimento e de valorização do ser.

Em uma escala de prioridades o ponto inicial é o **urgente**, tudo aquilo que precisa ser atendido imediatamente não pode esperar. Se o encanamento estoura, é evidente que a solução precisa acontecer na hora, caso contrário, há risco de inundação ou de esvaziamento da caixa d'água.

Outro ponto nessa escala é o **necessário**, o que não pode faltar, sem o que não se pode viver: respirar, comer, beber, dormir, defecar. Quem adiasse sem mais a satisfação dessas necessidades estaria atentando contra a vida.

Continuando essa sequência, vem o **útil**, o que ajuda, mas não é necessário. Pode-se viver sem ventilador, exaustor para a cozinha, aspirador de pó e tantos outros objetos que ajudam, com os quais já nos acostumamos, mas eles não são absolutamente necessários. Tanto é verdade que durante séculos nem se pensou em nenhum deles. O carro faz parte desses itens. Para nossos dias tal afirmação pode parecer ingênua e até leviana.

Sem dúvida, o carro é importante, mas tornou-se necessário em vista da mudança de costumes e do padrão social que nos tem sido imposto e que espera de nós desempenho ágil e rápido. Além disso, há muito tempo que o carro, para algumas pessoas, deixou de ser apenas meio de transporte, constituindo-se em um demonstrativo de poder. Diante de tantas marcas e de tantos modelos novos que aguçam o desejo do ser humano, trocar de carro periodicamente, para muitas pessoas, tem sido imperativo, urgente. Nesse caso, pode-se falar de inversão de valores, quando o útil está sendo considerado como urgente ou, até mesmo, necessário.

Então, para fazermos frente a tantos apelos que se nos apresentam como extremamente importantes para nossa vida, sentimo-nos dominados pelo desejo e compelidos a querer ter mais dinheiro, para comprar e ter cada vez mais. Inúmeras necessidades vão sendo plantadas em nós e, o que é pior, acolhidas quase que com respeito, sem que as questionemos.

O padrão máximo de satisfação e bem viver tem sido o **poder**, a posse. Certa vez, em uma entrevista, a "receita de sucesso", que uma modelo bem-sucedida deu a uma de suas amigas, foi: "Seja poderosa!" Somos tentados a aparentar mais do que somos, a demonstrar uma força e um poder que não temos e a reproduzir um padrão de ser que outros estabeleceram para nós. Para não aparentarmos fraqueza, temos receio de expressar nossas necessidades e evitamos um contato mais aprofundado com nosso **eu**.

O **poder** é uma das formas de domínio, físico ou mental, exercidas pelo ser humano, que pode corromper quem o exerce. Imagine a criança que leva um tapa na mão por ter apertado muito o lápis e riscado a folha além da margem ou o veterano que humilha o calouro, submetendo-o a atitudes vexatórias durante o trote. Ambas são formas de poder, cujas aplicações e consequências nem sempre são devidamente consideradas e levadas com o equilíbrio necessário.

Em nosso dia a dia podemos destacar uma infinidade de situações de poder. Desde as mais simples, como segurar uma caneta para escrever: nós a apertamos e a controlamos inteiramente levando-a a nos obedecer, escrevendo, riscando, fazendo outros traços até mais elaborados, ou apenas segura em nossas mãos, mas sempre sob nosso comando. Tão logo tenhamos terminado nosso trabalho, nós a deixamos de lado. Não faria sentido continuarmos apegados àquele objeto por mais que nos tenha sido de utilidade.

O **domínio mental** ou **controle psicológico** é outra forma bastante sutil de exercermos o poder sobre alguém. Expressões como: "Eu sei em que você está pensando" ou "Conheço seus sentimentos, por isso sei o que você está sentindo" podem sugerir que sabemos a respeito da vida da pessoa, de seu passado ou de seu ponto fraco e, de certa forma, podemos dominá-la. Essa pode ser uma estratégia de **dominação,** porque nada mais letal do que ver sua fraqueza descoberta, seu segredo revelado, sua intimidade escancarada e devassada.

A mensagem de Jesus é clara: "Eu vim para que todos tenham vida e a tenham em abundância" (Jo 10,10). Em primeiro lugar, é preciso que todo o sistema seja voltado para a construção do Reino de Deus, do bem comum, o que se traduz como vida digna para cada ser humano (emprego e salário justos, moradia, educação, saúde, igualdade de direitos etc.). O acesso à educação, por exemplo, não é favor, mas direito legítimo que capacita cada pessoa a encarar a vida como dom a ser respeitado, cuidado. Nesse sentido, saúde, alimentação, esporte, lazer, transporte e tudo que for de qualidade e favoreça a preservação da vida é dom para cada ser humano e é para ser partilhado, sem acúmulo. "Todos vós, conforme o dom que cada um recebeu, consagrai-vos ao serviço uns dos outros, como bons despenseiros da multiforme graça de Deus" (1Pd 4,10).

A partilha é uma das formas solidárias de convivência. É partilhando que se cresce e se constrói comunhão. O milagre da multiplicação dos pães foi o milagre da partilha. Cada um partilhou o que tinha levado, assim o milagre pode acontecer. Mas o que, em geral, se valoriza em nosso mundo é o acúmulo de bens, poupar sempre mais, cada um por si sem atenção para as necessidades reais da maioria da população. Parece ser essa a atitude egoísta de Caim: Por acaso sou o guarda de meu irmão? (Gn 4,9).

Se cada pessoa ficasse satisfeita com o necessário para viver dignamente, não haveria tantos famintos, desabrigados, refugiados, drogados, prostituídos e tantos mais de que pudermos nos lembrar. Quando se valoriza o **ter** e todas suas manifestações em excesso (dinheiro, posses etc.), em detrimento da pessoa, perde-se a liberdade de **ser** e abre-se caminho para a **manipulação**: de um lado, as pessoas que são deixadas à margem, excluídas do processo de vida, em vista de injustiças e desigualdades sociais. Do outro, aquelas que, por quererem ter sempre mais e mais, deixam de ser livres enquanto pessoas, para serem escravas de sua própria ganância, precisando construir fortalezas que as protejam de possíveis ou imaginários usurpadores.

Há um caminho gradativo percorrido por quem busca o poder. Em sua gênese aparece, em primeiro lugar, o **apego desordenado às criaturas**. Há quem esteja sempre ansiando conseguir aumentar seu patrimônio, sem se contentar com o que já conseguiu, querendo sempre possuir mais. Essa insatisfação, a princípio, pode parecer justificável e confundir-se com o desejo de manter-se bem ou com o cuidado pela família. Aos poucos, vai ficando claro que a posse desenfreada não passa de disfarce para encobrir um sentimento de inferioridade, de ser menos do que as outras pessoas. O **ser** acaba sendo condicionado pelo **ter** muito dinheiro e muitos bens materiais. Há uma falsa crença de que é preciso ter posses para ter condições de ser e sentir-se pessoa.

O passo seguinte é a **vaidade** – equivocadamente leva a acreditar que o valor é resultado das posses ou do que se aparenta ter. Pelo simples fato de ter, julga-se melhor, acima das demais pessoas, o centro de todas as atenções. Isso acontece porque, não tendo consciência de seu valor enquanto ser humano, acredita precisar de muitas coisas para sentir-se superior. Muita gente, além de acumular inúmeras coisas materiais, sente necessidades de conferi-las várias vezes: abre as gavetas, os armários, contando e recontando dinheiro, roupas, sapatos, joias etc. Por não conhecer seus recursos internos, buscará no externo sua compensação e, como buraco sem fundo, nunca estará satisfeita, precisará sempre mais para preencher seu vazio de sentido.

O próximo movimento de alguém que acredita que o grau de aceitação dos outros para com ela reside no fato de ter bens materiais, além da busca do poder, é o **querer dominar**. Além de ter mais e muito, julga-se superior, precisando exercer o controle sobre todos os outros.

Nesse caminho equivocado a pessoa, sentindo-se dona de tanto poder, passa a acreditar que pode todas as coisas. Prescinde de tudo e de todos, chegando à **soberba**, ao autoendeusamento. Ao sentir-se tão poderosa, quase como deus, não mais aceita leis, o que se torna porta aberta a todos os vícios. Sente-se com direitos sobre as outras pessoas, a ponto de, por vezes, decidir tirar-lhes a vida. Como resultado, chega ao esvaziamento, à perda de todo sentido, nada e ninguém mais têm valor, a começar dela mesma, em outras palavras atinge a **autodestruição**.

Largar para ser mais

A insegurança, diante da fantasia de uma possível perda, leva-nos a viver na defensiva, protegendo-nos de ataques imaginários. Nossa tendência, em casos semelhantes, é a de segurar, agarrar mesmo, para podermos garantir nossa integridade e nossas posses. Erguemos muros na suposição de que assim estaremos em segurança e nossos bens estarão intocados, protegidos de quaisquer ameaças em vista da imensa paranoia que vai sendo construída. Trancamos portas e portões, gradeamos janelas, instalamos alarmes e câmeras, na certeza de que nossa proteção será completa. Aos poucos, vamos nos isolando e perdendo a liberdade de ser quem somos, vivendo na fantasia de que seremos mais felizes à medida que agarrarmos mais coisas, aumentando nossas posses e alargando os limites de nossos domínios.

Ficamos tão acostumados com o barulho externo que perdemos o costume de ouvir nosso interior para perceber nossas reais necessidades. O contato mais íntimo conosco passa a ser ameaçador, tanto que, ao entrarmos em nossas casas, ligamos a televisão ou o aparelho de som, dando-nos a falsa sensação de estarmos acompanhados, sem sermos incomodados. Supostamente alguém canta para nós ou fala conosco. Outras vezes, entramos na internet e nos sentimos em segurança, "conversando" com alguém, mesmo que seja encontro virtual. Precisamos da ilusão de que não há espaços vazios, tudo está preenchido, mesmo que nossa participação seja incompleta e a interação limitada.

Precisamos largar alguma coisa para podermos chegar à essência de nosso ser e, ao sentirmos o vazio interno, permitir que a Graça atue em nós. Quantas vezes nos evangelhos Jesus pergunta, antes de realizar algum de seus milagres: "O que queres que eu te faça?" É como se quisesse ter certeza de que a pessoa estaria disposta a fazer sua parte, a colaborar com a graça. Jesus quer que quem o procura tome consciência de que sua vida é dom para ser cuidado.

Como podemos esperar que algo bom, o milagre, aconteça, se não abrimos espaço para que essa força nova entre. Seguramo-nos em nosso comodismo, em nosso aparente bem-estar, em nossas muitas ocupações, até mesmo em nossas boas intenções, na espera infantil de que algum mágico tire o "coelho" da cartola e nos surpreenda. Antes de só esperar que alguém faça algo por nós, que o milagre ou apenas a mágica venha de fora, cabe a nós assumir a direção do espetáculo de nossa vida, sendo nós o milagre.

A capacidade de largar nada mais é que a liberdade interior que Santo Inácio de Loyola também chamava de **indiferença**. Significa também saber usar de todas as coisas sem apego. Isso não quer dizer privar-se do necessário, mas, no dizer do mesmo santo, usar as coisas **tanto quanto** nos ajudam a ser mais gente. Precisamos de muitas coisas para nosso uso pessoal, para nosso trabalho, para nossas casas. Porém o importante é sabermos usar de tudo, sem nos deixar dominar por o que quer que seja. Donde se conclui que quando temos as rédeas da própria vida, não somos controlados(as) por impulsos externos ou por quaisquer criaturas. Por mais paradoxal que pareça, só quando largamos todas as coisas, isto é, baixamos a guarda, é que somos livres para nos encontrarmos.

Fomos aprendendo, ao longo da vida, que precisamos ter muitas coisas para vivermos bem. Desde a infância observamos como as pessoas se sentem importantes, acumulando bens materiais e, depois disso, construindo muros altos em volta de suas casas, protegendo portas e janelas, instalando alarmes. Na verdade, só nos distanciamos da vida real. O que, de fato, nos leva a crescer é soltarmos para partilhar. Só quando soltamos as correntes que nos oprimem, amarram-nos, aprisionam-nos, podemos ir ao encontro da vida. Saindo da falsa segurança de agarrar e guardar o que temos, descobrimos valores reais não comercializados.

No caso de uma emergência em que você apenas pudesse levar uma coisa, o que seria? O computador ou o aparelho de televisão? O carro ou a geladeira? Ao pensarmos em casos concretos, podemos descobrir quantas coisas aparentemente necessárias, sem as quais imaginamos que não saberíamos viver, são inteiramente dispensáveis e, quantas vezes, de utilidade questionável.

Muitas pessoas sentem-se cheias de si por possuírem muitos bens. Fazem questão de conservá-los com muito cuidado, por vezes, até não desfrutando deles por temerem que se estraguem ou se percam. Pense se já aconteceu com você de guardar uma roupa na gaveta, tentando conservá-la, e depois de muito tempo, ao desejar usá-la, descobre que não está mais em condições de uso. Observe seus armários, suas gavetas e verifique de quantas coisas você não precisa e, quem sabe, você nunca usará, estão lá guardadas. Na verdade, é a fantasia da necessidade, não o objeto real em si, o que tem sido conservado.

Também acontece quanto às pessoas que você segura, às vezes até com receio de que alguma delas faça outras amizades e deixe você de lado. Essa fantasia é bastante comum para nós seres humanos. Passamos boa parte da vida acreditando que precisamos segurar, agarrar mesmo pessoas e coisas, para que não aconteça de perdê-las e nos sentirmos sós. O que de fato perdemos tendo essas fixações é o contato com a realidade: a interna, nossa verdade, nosso potencial, e a externa, a vida que nos cerca com todas as suas maravilhas e, por que não dizer, com tantas contradições com as quais deixamos de conviver e aprender.

Quem desconhece o próprio potencial, nunca se permitindo entrar em contato com sua riqueza interior, tende a fantasiar que precisa de acessórios, corrimões onde se apoiar. Por esse motivo, quanta gente, embora tendo tanto, sente-se infeliz e vazia porque lhes falta o bem mais precioso, que é a posse de si mesmas. Vão vivendo sem conhecerem seus inúmeros recursos internos, toda a sua beleza interior.

Soltar o passado também é uma necessidade, se quisermos viver intensamente o momento atual e nos tornarmos pessoas plenas, desafio que só pode acontecer no presente. Soltar o passado depende da intensidade e da qualidade com que nos permitimos viver no **aqui e agora**.

> Trata-se, portanto, de um convite para viver o presente em plenitude. A palavra "plenitude" é maravilhosa. Expressa uma densidade de existência em que podemos mergulhar e nos sentir alimentados, saciados, revigorados. Temos de saber mergulhar no presente, como um mergulhador no oceano, de maneira completa e total. Precisamos aprender a imergir com todo o nosso ser no tempo presente.[4]

Nossas vivências passadas não são invalidadas por optarmos por viver o presente. Ao contrário, o passado pode servir de impulso que nos projeta para a vida hoje, no presente. Olhamos para o passado não para ficarmos lá, mas para aprendermos com as experiências vividas, crescendo com aquelas que nos ajudaram na construção de nossa personalidade e deixando de lado tudo que percebemos que nos foi prejudicial. O passado é apenas um ponto de referência em nossa história, um trampolim para saltos mais elevados. Faz parte de nossa história, nosso legado, mas passou, por isso é **passado**.

> Em outras palavras, o passado nada mais é do que a força que me formou e me fez, e agora está na entrada do presente, onde me pressiona

[4] BOULAD, Henri, *Deus e o mistério do tempo,* p. 25.

> e empurra com toda a sua energia para que eu siga adiante, para moldar e criar, para criar a mim mesmo. Com tudo o que fui e tudo o que senti, sou convidado a fazer novas coisas neste presente que me é dado. Assim o passado existe, mas como a força de construir o presente.[5]

Depende de nós escolher em que tempo queremos viver. Quantas pessoas com grande frequência buscam no passado segurança e refúgio. Ainda vivem apegadas ao antigo e não por acaso repetem "em meu tempo era bom", "em minha época era assim" ou "naquele tempo era melhor", querendo, muitas vezes, reproduzi-lo hoje. Sentem-se confortáveis com o conhecido, como se retornassem ao aconchego do útero materno. Por vezes, também temendo que ao soltar o passado percam o que já conhecem, aquilo que lhes dá segurança, suas referências, seu ponto de equilíbrio: onde me seguro agora? Entretanto, nessa volta ao passado, aparentemente inofensiva, fecham-se à novidade do presente.

O valor do passado existe enquanto pode nos oferecer parâmetros para seguirmos em frente. Por outro lado, o apego ao passado fecha-nos como em uma bolha, de onde podemos assistir à vida acontecendo lá fora, visualizar a realidade como meros espectadores, sem tomar parte dela como protagonistas.

> As pessoas começam a envelhecer a partir do momento em que fecham os olhos e se refugiam no passado. Com os jovens acontece o contrário. Sua tentação não é fugir do presente para o passado, mas escapar para um futuro utópico, maravilhoso, miraculoso, em algum lugar do horizonte. Esse futuro chama-se "amanhã": amanhã farei..., amanhã serei..., amanhã eu poderia... Em vez de se empenharem na luta de hoje, preferem viver em imaginação seus sonhos de amanhã e de depois de amanhã.[6]

Muitas pessoas já entraram em depressão depois de visitar suas cidades de origem e constatar que muita coisa tinha mudado. Construções novas ocupavam o lugar de muitas das casas

---

[5] BOULAD, Henri, o. c., p. 24-25.

[6] Ibidem, p. 24.

conhecidas, pessoas diferentes faziam parte da nova paisagem, o cenário era outro, até os cheiros mudaram, outros diferentes foram acrescentados. Era como se também perguntassem quais de suas imagens passadas precisavam desconstruir, para poderem aceitar o novo.

O medo do futuro também pode nos afetar à medida que apenas nos lançamos em aplicações financeiras, fazendo cálculos que garantam nosso amanhã e preencham toda a insegurança, que sentimos em relação ao futuro, deixando de viver o momento presente. Outro risco é o de transferirmos as possíveis realizações do **aqui e agora** para o **lá e então**, o futuro distante e sempre mais inatingível, uma espécie de "um dia chego lá", atitude passiva de quem apenas assiste, não participa da vida. É a vivência da quimera, da fantasia sem consistência. Esse fenômeno faz parte da realidade dos jovens. Mais do que se sentirem atraídos pelo passado, voltam-se para o futuro como o lugar das realizações plenas, adiando seus planos para "aquele dia", o amanhã fantástico em que tudo será possível.

Igualmente é necessário soltar a insegurança em relação ao futuro, e manter os olhos fixos no presente, que é o único tempo real que temos. Sonhar passivamente com o futuro pode ser decepcionante porque, enquanto apenas imaginamos, não tomamos parte em sua construção e nos firmamos na expectativa que é exigente e inteiramente irrealizável por não estar baseada na realidade. Sonhar e esperar por um futuro baseado na fantasia construída no passado, como castelo de areia, que é levado pelo vento ou destruído pela maré, tende a ser frustrante e favorece a alienação, atitude de distanciamento da realidade.

A esperança é a espera de quem tem os pés e os olhos na realidade, enquanto a expectativa extrapola o bom senso por apoiar-se na falsa suposição da obrigação sufocante e paralisante, do **tem de ser assim** para qualquer resultado, impedindo o uso da liberdade. Quando largamos o saudosismo do passado e a incerteza do futuro, firmamos os pés no chão e garantimos a certeza da vida hoje.

Nosso único tempo é o presente. Temos consciência de estar presentes a nós mesmos ou nos deixamos envolver pelos muitos ruídos externos, permitindo que nos preencham e nos impeçam de "escutar" nossa verdade? Talvez não nos sintamos à vontade de estar a sós em nossa companhia, temendo encarar nossa realidade como encontro desagradável. Acreditamos precisar, talvez, da presença da televisão, do rádio, das redes sociais, para nos preencherem com vozes e notícias e, de certo modo, manterem-nos vivos.

É no momento presente que vivemos as experiências que promovem nosso crescimento e progresso. É igualmente nesse momento único que tomamos consciência de nós mesmos e da realidade que nos circunda e, aprofundando mais, nós nos abrimos à graça e acolhemos o Espírito do Senhor que nos envolve.

É fundamental a consciência interior de nós mesmos, para podermos estar presentes com as outras pessoas e com toda a realidade externa. A atenção ao mundo a nossa volta, o contato mais minucioso e demorado da realidade corriqueira pode nos facilitar descobertas maravilhosas. Ao gastarmos alguns minutos na contemplação da árvore que está naquela praça, por onde passamos todo dia, podemos perceber nela toda a beleza que nossos olhos não viam antes. Quantas vezes fazemos viagens longas para apreciar determinada paisagem e deixamos de lado, não admiramos, a beleza da paisagem do dia a dia.

Quantas vezes igualmente dizemos que nos encontramos com alguém, sem que na realidade tenha havido um encontro. Temos pressa, mesmo que procuremos não demonstrar. Ou, quem sabe, não nos desligamos de nossas outras atividades ou compromissos, continuamos a pensar no que virá depois, no lá e então, por isso não estamos verdadeiramente com a outra pessoa. O encontro sempre acontece no presente e é muito mais do que contato físico. É experiência que une mente e coração.

É no hoje, no momento presente, que nossa vida, nossa história pessoal fincada na fé, desenrola-se, sem apego à nostalgia do passado ou à incerteza do futuro. Viver intensamente cada experiência presente torna-se a base sólida da preparação do futuro.

> Essa é a fé da ressurreição. Não uma ressurreição futura no fim da história, em um futuro mais ou menos incerto, mas a ressurreição "hoje, aqui e agora". Essa é a boa nova, a nova prazerosa, a grande nova do evangelho.[7]

É unicamente no **aqui e agora**, no **presente** que o ser humano tem condições de interagir com o mundo. Como afirma o filósofo alemão Martin Heidegger[8], mais do que apenas participar do mundo, precisamos estar no mundo, assumindo a responsabilidade por nossa própria vida. Nesse sentido, agindo de modo a conhecer nossas potencialidades e a chegar cada vez mais perto da realização pessoal, podemos fazer com que cada dia, que é irrepetível, seja especial. Depende de como nos dispomos a encarar cada pessoa, cada coisa ou situação, sem deixar que a rotina tome conta de nós.

> Precisamos reagir contra o que chamamos de hábito, o que inclui a enfadonha repetição cotidiana. Poderei tornar novas minhas ações estereotipadas, cada vez que as realizar, se conseguir transformá-las em algo único e original.[9]

Se nos sentimos pessimistas, frustrados e decepcionados com a mesmice da realidade a nossa volta, isso pode significar que ainda não vemos clara nossa riqueza interior, que precisamos investir em nosso crescimento, conhecer as pessoas com as quais convivemos e estar abertos ao novo que renasce a cada dia. "Eis que faço novas todas as coisas" (Ap 21,5).

---

7 BOULAD, Henri, o. c., p. 30.

8 Heidegger, M. *Ser e Tempo*.

9 BOULAD. Henri, o. c., p. 27.

Uma lenda budista citada por Leo Buscaglia[10] pode ilustrar esse ponto. Um monge, fugindo de um urso faminto, correu para um penhasco e pulou de lá para não ser devorado. Ao cair, segurou-se em um pequeno toco de madeira preso à terra e, olhando para baixo, viu um tigre esfomeado que o esperava cair. Notou, em seguida, dois ratos famintos que começaram a roer o toco de madeira em que ele se segurava. Sua situação era terrível: em cima um urso faminto, em baixo um tigre igualmente faminto e ao lado dois ratos que, aos poucos, destruíam sua única segurança. Atrás destes, o monge viu um morango enorme, vermelho, suculento e maduro, pronto para ser degustado, de um pé de morangos silvestres que se estendia em sua frente. Sem hesitar, o monge o apanhou, colocou-o na boca e o comeu, desfrutando daquela delícia.

Para nós, qual pode ser a moral da história? A vida acontece e deve ser vivida e desfrutada já, neste momento. Portanto, não deixe que a ansiedade, a saudade do passado, as frustrações, os possíveis fracassos, as incertezas e os medos infundados do futuro adiem suas realizações e impeçam sua felicidade. Esta é a hora para viver e ser feliz. Portanto, desperte para fazer parte da vida agora!

[10] BUSCAGLIA, Leo, *Amor,* p. 89.

4

DA PRÁTICA AO HÁBITO

Incorporando o hábito

No início toda aprendizagem é difícil. À medida que se pratica, vai ficando menos difícil até se tornar gradativamente fácil. Pense em todas as coisas que você aprendeu desde a infância até hoje: andar, falar, ler, escrever, bordar, costurar, cozinhar e tantas outras mais. Se você aprendeu a andar de bicicleta, pode lembrar-se de que primeiramente deve ter usado um triciclo. A seguir, pode ter passado para uma bicicleta, com duas rodinhas acopladas na roda traseira, para favorecerem o equilíbrio. Depois de algum tempo de muita prática e, provavelmente, de alguns tombos, as duas rodinhas foram deixadas de lado, e você nem sentiu falta delas.

Algo semelhante deve ter acontecido quando você começou a guiar carro: atenção aos pedais, ao uso do câmbio, ao espelho retrovisor etc. Com o passar do tempo, depois de muita insegurança e de muita prática, você foi crescendo na familiaridade com o carro, foi criando o hábito de dirigir, até tornar-se automático.

O treino repetido leva à prática, que é o mesmo que condicionamento. Você nem precisa mais ler o manual de instruções toda vez que usa o carro, da mesma forma que também não precisa do caderno de receitas toda vez que cozinha. O hábito já se instalou. Acontece como resultado das inúmeras repetições.

> A maioria de nós é capaz de fazer algumas variações. Mas a visão que modela nossas personalidades é uma perspectiva habitual, e nós

> somos criaturas de hábitos. O hábito nos torna repetitivos. A tendência humana e natural para a unidade e para uma abordagem unificada leva-nos a ritmos, ciclos e reações habituais.[1]

Podemos nos lembrar de inúmeras coisas com as quais tivemos dificuldade no início e que hoje fazem parte de nossos hábitos. Por exemplo, falar uma língua estrangeira, digitar um texto no computador, enviar uma mensagem pela internet, descascar legumes, desenhar o mapa ou a bandeira do país, dançar, nadar, levantar cedo, ser responsável e assim por diante, quantas outras pudermos acrescentar.

Por outro lado, há igualmente coisas que vão sendo incorporadas a nossos hábitos, fazendo parte de nosso dia a dia, mas que prejudicam, causam danos a nossa saúde, ou aquelas que simplesmente não nos acrescentam nada de bom. Fumar é um hábito que tem sido adquirido muito cedo por muitas pessoas, na adolescência ou, às vezes, ainda na infância. Embora declaradamente nocivo, causando danos irreversíveis à saúde, esse hábito tem sido associado ao prazer, ao poder, à sensação de segurança, à pertença a um grupo e, em outros tempos, ao glamour do cinema, à beleza, à sedução e à sensualidade.

A fofoca, falar mal da vida alheia, é um dos exemplos clássicos de detenção de poder. Embora, por vezes, sua tendência seja de apresentar-se esvaziada do sentido pejorativo desse hábito, tornando-o mais leve e até simpático, muitas vezes disfarçada de "jogar conversa fora", isto é, uma conversa informal, sem compromissos maiores e sem maldade, ainda assim é negativo. Pode ser resultado da inveja da realização ou do sucesso de alguém, vindo travestida de simples comentário desprovido de qualquer conotação ofensiva.

Na verdade, ter inveja é sempre hábito negativo porque é baseado na suposição de que aquilo que a outra pessoa tem, nós não conseguiremos, por não sermos competentes, por não termos talento ou por

[1] POWELL, John, *Para viver em plenitude,* p. 56.

qualquer outra razão que nos diminua. Inveja quer dizer ficar triste com o sucesso alheio ou desejar ter o que não nos pertence. Isso é um equívoco, pois o exemplo de alguém pode ser estímulo para que nos esforcemos mais no caminho de nossa autorrealização.

Tantas práticas nem mesmo úteis, que não ajudam em nada, sem nenhuma reflexão amadurecida, passam a fazer parte dos hábitos de muita gente. O importante é sempre nos perguntarmos aonde queremos chegar, qual nossa meta, e se o hábito adquirido nos ajuda ou nos atrapalha na conquista de nosso objetivo. Na verdade, se quisermos honestamente, podemos entrar em contato conosco, com nossos desejos e responder se nossas práticas e nossos hábitos correspondem ao fim que nos propomos atingir. Entretanto, insistir em manter o padrão, mesmo que seja contrário a nosso bem-estar, será trapaça, o mesmo que nos levarmos na brincadeira. Nós somos responsáveis por nossas escolhas e por mantê-las.

O hábito é resultado das muitas repetições que fazemos desde crianças. Aprendemos a tomar banho, a segurar os talheres e comer sem a ajuda de nossos pais, a andar de bicicleta, a ir para a escola sozinhos(as), e por aí vai uma lista enorme de todas as nossas aquisições. Os(as) atletas têm um regime de treino intensivo até chegarem a realizar maravilhas na ginástica, nos saltos, nas corridas. Jogadores de quaisquer modalidades esportivas passam por treinamento diário para se sentirem em condições para os jogos.

Por outro lado, a aquisição de maus hábitos é aprendida até bem cedo. Adolescentes para se sentirem aceitos em seus grupos começam o uso do fumo, da bebida alcoólica, do sexo irresponsável, como forma de mostrar que já cresceram. Porém o que fica evidente é que são influenciáveis e até manipuláveis e seu processo de desenvolvimento ainda não está completo.

A felicidade pode tornar-se um hábito possível. Na vida há inúmeros caminhos a serem seguidos para se atingir o objetivo de conquistá-la. Quantas vezes chegamos a uma encruzilhada e precisamos decidir qual direção tomar. Aí pode ocorrer uma crise que não necessariamente precisa ser problema, mas pode ser momento especial para novas perspectivas de vida. Diante da crise é necessário pararmos e ficarmos atentos(as) às nossas atitudes e nossos gestos, para percebermos o que precisa ser mudado. O silêncio fecundo pode ser criativo, à medida que nos leva a refletir sobre nossa verdade, ajustando-a à realidade do mundo.

Alguém, após a colação de grau, por exemplo, pode escolher entre sentir-se superior às demais pessoas e isolar-se em sua bolha de fantasia ou usar os novos dons a serviço de seu crescimento e do crescimento do mundo a seu redor. As possibilidades estão aí, a escolha é nossa. Podemos nos deixar levar por uma lógica individualista de fechamento ou partilhar as realizações.

> A condição essencial para a verdadeira satisfação humana é permanecermos inteiramente ativos em todos os nossos aspectos e poderes – sentidos, emoções, mente, desejo e coração. Não posso favorecer meus sentidos e minhas emoções, sacrificando minha mente ou meu coração.[2]

O mais importante na vida não é o que temos ou o que acontece conosco, mas qual nossa atitude diante de tudo isso. O que importa não é a conquista de um certificado universitário ou uma carreira brilhante em uma empresa de sucesso, mas a consciência de qual será nossa reação diante dessa realização que pode alterar nossa vida.

> O homem é projeção e tendência para um sempre mais, para a surpresa que está fora de sua pré-visão, para um Incógnito, para o Novum, para o Ainda-não. O melhor é sempre e apenas um esboço. A meta alcançada fica, continuamente, um meio para um objetivo mais alto. Estamos sempre à espera.[3]

Parece não existir uma única definição para felicidade. Para algumas pessoas pode ser um momento de paz interior, trazendo a

---

[2] POWELL, John. *Para viver em Plenitude*, p. 57.

[3] BOFF, L., *Vida para além da morte*, p. 18.

sensação de que estão no lugar certo e na hora certa. Para outras, pode ser a possibilidade de existir sem manipular ou se deixarem manipular e sem mudar a própria rota, não assumindo concessões que, mais tarde, poderão lhes alterar a tranquilidade.

Quantas vezes supomos estar buscando a felicidade, enquanto estamos apenas querendo conquistar algumas coisas: ter um emprego melhor, mais dinheiro, mais recursos financeiros e tantas outras coisas. Algumas vezes até dizemos que seremos felizes **logo que** ou **desde que** consigamos isso ou mais aquilo. Condicionamos a felicidade à aquisição de muitas coisas, julgando que não podemos viver sem elas. Para atingirmos a felicidade não é necessário ter bens materiais, mas é preciso estar em sintonia com a vida, vivendo-a no aqui e agora, sem a transferirmos para mais tarde, para o lá e então.

Em um conto infantil, dois peixinhos nadavam perto da praia, e um deles, muito sério, perguntou para o outro onde estava o oceano. Da mesma forma, quantas pessoas vivem sem se dar conta de que já estão na vida, e que este é o único tempo de que dispõem para vivê-la, o momento presente, atual.

Anthony de Mello[4] alertava para a tendência em nossa sociedade de rotular as pessoas, por exemplo, como um fracasso, um sucesso, um empresário, um magnata. Afirmava que todo rótulo que se possa imaginar é usado, exceto, talvez, **ser humano**, exatamente o mais significativo. Quando repetimos fórmulas pré-concebidas ou modelos sem questionarmos a verdade ou nossos desejos, deixamo-nos manipular pela opinião alheia. Quando somos movidos por preocupações com o que as pessoas falam sobre nós, sentem a nosso respeito ou se nos pedem desculpas, supomos que também precisamos nos desculpar e desejamos que as pessoas igualmente se desculpem conosco. Em outras palavras, não somos livres.

---

[4] MELLO, Anthony de, *Despertando para o eu,* p. 86.

Esperar pelo futuro, deixando de lado as oportunidades de realização que o presente nos aponta, concentrando-se em imaginar o sucesso futuro, é deixar passar a chance de conquistá-lo hoje. Ora, a liberdade é um requisito essencial para se atingir a felicidade. Para podermos sentir a felicidade, precisamos nos desvelar, soltar nossas coberturas ou falsas seguranças. O medo de perder a felicidade, antes mesmo de atingi-la, pode ser decorrente de que para muitos ser feliz assusta, pode ser uma ameaça.

> A felicidade é nosso estado natural. A felicidade é o estado natural das criancinhas, a quem o reino pertence, até que elas sejam contaminadas e poluídas pela estupidez da sociedade e da cultura. Você não tem de fazer coisa alguma para adquirir felicidade, porque a felicidade não pode ser adquirida. Alguém sabe por quê? Porque nós já a temos.[5]

Nossa criaturidade, nossos limites e nossas imperfeições produzem em nós as circunstâncias que nos levam a trocar o caminho original por atalhos mal iluminados e perigosos, contribuindo para que nossa condição de nobreza, segundo o sonho do Criador para nós, perca-se no charco de onde ressurgimos sapos tristes, chorosos e infelizes. Dominados pela negatividade, vamos destruindo nosso jardim, como que desertificando nossa vida, a qual, cada vez mais, longe de ser sonho torna-se pesadelo.

À medida que deixamos Deus conduzir nosso interior, santificamos nosso inconsciente. Podemos dizer que o inconsciente, inclusive por meio de nossos sonhos, é instrumento utilizado por Deus para comunicar-se conosco. No exame de consciência diário, observamos nossa vida, tomando distância para melhor visualizar a obra de Deus em nós. Como temos vivido nosso batismo e exercido a tríplice missão batismal: de Sacerdote: missão de estabelecer a ligação entre a terra e o céu; de Profeta: missão de anunciar a Boa-Nova e denunciar tudo aquilo que vai contra o projeto da Criação; de Rei: missão de responsabilizar-nos diante da obra criada.

[5] Idem, p. 91.

Toda pessoa autossuficiente, fechada à graça, é pobre, independentemente de sua situação socioeconômica. Não aceitar ajuda por sentir-se forte e acima de qualquer necessidade, não apenas dificulta os relacionamentos como, principalmente, oferece uma falsa crença de que é possível viver um encapsulamento em si mesmo. Alguém pode fugir para um "castelo imaginário" e viver em companhia de personagens fantásticas, fazendo de conta que isso é suficiente para sua vida. Enquanto a vida real, com todas as suas implicações, acontece do lado de fora, no dia a dia.

De compulsores a permissores

O caminho da compulsão encontra-se exatamente na contramão da liberdade. Em geral, quando sentimos alguma necessidade, nosso primeiro movimento é o de buscarmos a solução: água para a sede, alimento para a fome, repouso para o cansaço. Quando assumimos a compulsão como hábito, tendemos a entrar por atalhos que podem nos levar a fazer comparações com outras pessoas. Precisamos, então, competir, mostrar nossas realizações, comparar resultados.

Compulsores, embora se apresentem com aparência positiva, são hábitos negativos aprendidos desde a infância, que compelem a pessoa a repeti-los **sempre**.

> Somos inconscientemente impelidos, compelidos (daí "compulsores") a falar e agir compulsivamente de algumas formas que são atrasos de vida, causa de aborrecimento para nós e para os outros. [...]. Sem querer, somos perfeccionistas, autossuficientes, trapaceiros, Maria-vai-com-as-outras, dependentes e apressadinhos. De tudo um pouco. Um pouco mais ou um pouco menos, conforme a "educação" recebida.[6]

É muito razoável que um médico se empenhe ao máximo para ser perfeito em uma cirurgia que requer tal precisão. Porém não fará sentido que procure a perfeição **sempre**, em todas as outras

[6] LACERDA, Milton P. de, *Permissão para viver*, p. 15.

atividades de seu dia a dia. Uma pessoa com a compulsão para ser perfeccionista tende a querer que todas as suas coisas estejam impecáveis, não admite falhas nos outros nem em si mesmo. Em outras palavras, é uma pessoa rígida, exigente, que tem medo de errar e muita dificuldade de aceitar-se como criatura limitada. O **permissor**, que é o oposto, e que pode ser acionado no caso, é a convicção de que não é preciso ser perfeito, basta fazer **benfeito**. Não somos infalíveis, podemos errar algumas vezes, desde que não seja de propósito.

Os **compulsores**, passados em nossa infância e com os quais vamos convivendo até o momento em que tomamos consciência de sua ação devastadora em nossa vida, podem ser comparados a scripts, como no teatro. Quando os aceitamos sem nenhum questionamento, vamos como que repetindo comandos antigos que nos impedem de agir com liberdade, de ser quem somos. Há pessoas que aprenderam que precisam ser **fortes**, que pedir ajuda é sempre demonstração de fraqueza. Agem como se fossem autossuficientes, não expressam suas emoções e rejeitam todo e qualquer apoio que alguém lhes queira oferecer. Lembrarem que é normal sentir o que sentem, pedirem ajuda e permitirem que os outros as conheçam como são podem funcionar como **permissor** nesse caso.

Adiar tarefas, deixando para depois o que pode ser feito agora, costuma ser um dos compulsores presentes a muita gente. Compelem a pessoa a um esforço sempre maior que o necessário, por isso costumam ser muito desgastantes. É o caso de quem, ao receber uma mensagem, uma carta, um recado, diz que vai responder "logo que possível". Toda vez que olha para aquele escrito, sente-se em falta e sofre com isso, mas não toma atitude positiva para resolver a situação. **Marcar dia e hora** para realizar qualquer compromisso, e não apenas tentar sem conseguir chegar a uma solução razoável, pode ser o **permissor** que facilite a lembrança de que o de amanhã começa hoje.

Ser pontual, apressar-se para não se atrasar, pode ser uma atitude bastante adequada em muitos casos. Se for apenas como reprodução de um comportamento compulsivo, aprendido e não refletido, como alguém que "engoliu o relógio", que vive "sempre correndo", merece nossa atenção. Talvez você se lembre do coelho apressado, repetindo o refrão "é tarde, é tarde" no conto infantil "Alice no país das maravilhas". A pontualidade deixa de ser qualidade, passa a ser compulsão, quando se vive **sempre** às carreiras, muitas vezes deixando de lado outros compromissos ou comprometendo seu desempenho, apenas para ser pontual. O **permissor**, nesse caso, seria a convicção de que a pressa desnecessária é inimiga da perfeição.

Ser agradável é igualmente atitude adequada e desejada pela maioria de nós. Porém gentileza demais, agradar a **todo momento** todas as pessoas que se vai encontrando, deixa de ser requisito indispensável para o convívio humano e pode tornar-se um risco de se desrespeitar por excesso de consideração com os outros. O **permissor**, no caso, é a tomada de consciência de que não dá para sempre agradar todo mundo.

Da mesma forma, o **consumismo** é a tentativa de preencher com objetos, roupas, sapatos, joias, carros etc., o vazio de sentido que somente traz à tona a frustração de quem nunca se satisfaz. Uma pessoa compulsiva compra mais do que de fato tem necessidade, gastando além do orçamento, apenas pelo prazer de comprar, fruto de uma necessidade equivocada. A insatisfação crônica ou a sensação de vazio pode ser a causa do consumismo. Por desconhecer seu potencial, sua riqueza interior, a pessoa acredita precisar de coisas que preencham sua carência de afeto e de sentido. Igualmente, por não se permitir expressar os próprios sentimentos, pode chegar a consequências sérias, como a instalação de doenças psicossomáticas e a busca de compensações em comportamentos violentos. A consciência de suas possibilidades internas e de seu valor leva a pessoa a crescer na autoestima e a não precisar do subterfúgio do consumismo para preencher a própria insatisfação.

Todos os comportamentos compulsivos, ao mesmo tempo em que trazem insatisfação, confirmam a inadequação e a incompetência da pessoa, porque, no fundo, por mais ridículo e absurdo que pareça, têm como resultado assegurar o objetivo inconsciente de não se sentir feliz.

> "Compulsivo" é o melhor adjetivo para o falso eu. Mostra a necessidade de afirmação contínua e crescente. Quem sou eu? Sou aquele que é apreciado, elogiado, admirado, antipatizado ou desprezado. Quer eu seja pianista, negociante ou religioso, o que importa é como sou percebido em meu mundo. Se estar atarefado é coisa boa, então preciso estar atarefado. Se ter dinheiro é sinal de liberdade real, então preciso reivindicar meu dinheiro. Se conhecer muita gente prova minha importância, tenho de fazer os contatos necessários. A compulsão se manifesta no medo oculto de fracassar e no impulso inabalável de evitar isso, juntando mais das mesmas coisas – mais trabalho, mais dinheiro, mais amigos.[7]

Vítimas de nossa insegurança emocional, deixamos de ser livres, passando a crer que precisamos sempre mais de coisas ou mesmo de pessoas para saciarem nossas necessidades e nossas carências, reais ou não. E quando não temos as respostas esperadas, seguimos por outras vias, como a dominação, a revolta, a ira, que geram mais dúvidas e exclusões.

A influência da cultura é bastante intensa em todos nós. Nunca estamos inteiramente isentos de suas pressões, nem mesmo de sua imposição de valores. Em inúmeras ocasiões, para alguém fazer parte de determinado grupo, é necessário deixar de lado algo que lhe é próprio, para assumir algo que é do grupo e ser aceito.

Se os compulsores reforçam nosso temor, conduzindo-nos à solidão, os permissores podem nos devolver a liberdade. Podemos ser quem somos. Precisamos de dinheiro, de trabalho, de amizades, de lazer, mas nosso valor como pessoas vai muito além de nossas conquistas e realizações.

---

[7] NOUWEN, Henri, *A Espiritualidade do deserto e o ministério contemporâneo*, p. 20.

> As mais profundas alegrias não provêm do dinheiro que ganhamos, de amigos dos quais nos cercamos, ou de resultados que obtemos. Somos realmente as pessoas que Deus fez em Seu infinito amor. Somos os dons que recebemos, não as vitórias que conquistamos.[8]

Depende de nós, e de ninguém mais, dar-nos permissão para ser protagonistas de nossa vida, independentemente de nossa história pessoal, nossa cor, nossas crenças ou de circunstâncias das quais não temos controle.

As múltiplas possibilidades

Ao nascer trazemos conosco todas as possibilidades para serem desenvolvidas. Cabe a nós descobrir quais são elas e dar-lhes espaço para que sejam identificadas e se tornem realidade. É nossa responsabilidade e também nosso desafio sermos quem somos, sem apegos a padrões estereotipados que nos foram impostos ou à imitação de modelos que não nos dizem respeito. Trazemos todo o nosso potencial em semente, e cabe a nós cultivá-lo.

Nascemos "príncipes e princesas" felizes[9]. Esse é também o Projeto de Deus para nós. Ele nos quer pessoas ajustadas, coerentes, "príncipes e princesas". Entretanto, segundo o mesmo autor, em vista de desacertos de uma "educação" exigente demais ou de menos, aos poucos, deixamo-nos abater pela revolta, tornamo-nos ensimesmados, tristes e apáticos, até sermos transformados em "sapos", destinados a coaxar no charco da depressão.

Nem sempre tomamos consciência da situação, talvez apenas sintamos tristeza, amargura e frustração em nossa vida pessoal, familiar e profissional. A insatisfação, nesse caso, passa a fazer parte de nossa vida, quando igualmente nos afastamos do Projeto de Deus para nós. O caminho de volta, paralelo ao da conversão, é o da "cura" psicológica. Precisamos tomar consciência de nosso

---

[8] NOUWEN, Henri, *Transforma meu pranto em dança*, p. 30.

[9] BANDLER, R. e GRINDER, J., *Sapos em príncipes*.

estado e do que temos sentido, para podermos procurar ajuda profissional para, passo a passo, retomarmos o uso do bom senso e da pacificação interna pessoal.

Diante das inúmeras possibilidades, nem sempre é fácil tomarmos o melhor caminho, sobretudo quando a escolha que fizermos pode modificar nosso modo de vida. Precisamos regularmente examinar nossas motivações. Ao focalizarmos apenas o problema, desperdiçamos tempo e, o que é pior, deixamos de descobrir os recursos existentes a nosso dispor. O número deles excede de longe a montanha de problemas com que nos envolvemos.

Ser ou não ser?, perguntava o angustiado Hamlet, personagem de Shakespeare. Sua indecisão não partilhada, não comunicada, vivida na solidão, levou-o a destruir-se e a destruir os de sua convivência. A solidão, que parece seu caso, aconteceu de forma destrutiva, por ele negar-se a interagir com as demais pessoas.

O ser humano é um ser social por natureza, por isso é necessário que esteja vinculado com alguém. Já o isolamento é muitas vezes necessário para o descanso, para a reflexão, para o estudo, e para o sonho necessário ao processo de criação. A solidão positiva, isolamento ou privacidade de que precisamos e de que temos direito, é parada estratégica para renovarmos nossas energias. É como um ambiente transformador que nos ajuda a recuperar a identidade, libertando-nos de posturas artificiais e ilusórias.

> O próprio Jesus entrou em uma fornalha. Ali ele foi tentado com as três compulsões do mundo: ser capaz ("ordena que estas pedras se transformem em pães), ser espetacular ("atira-te para baixo") e ser poderoso ("tudo isso te darei"). Ali, ele afirmou ser Deus a única fonte de sua identidade ("Deves adorar o Senhor teu Deus e só a ele servir"). A solidão é o lugar da grande luta e do grande encontro – a luta contra as compulsões do falso eu e o encontro com o Deus zeloso que se oferece como substância da nova individualidade.[10]

[10] NOUWEN, Henri, *A Espiritualidade do Deserto,* p. 23.

Tudo na vida é aprendido com frequência às custas de muito esforço. Ao nascermos, só alguns poucos reflexos "vêm de fábrica". Se tocarmos a palma da mão ou a sola do pé de um nenê, sua resposta é automática, tendendo a fechá-la ou quando batemos em seu joelho, ocorre o reflexo patular. Todo o resto requer muito treino até que se torne espontâneo. Crescemos à medida que interagimos com as pessoas, que nos envolvemos com a vida, tomamos parte dela, procurando conhecê-la cada vez mais.

Da mesma maneira que só podemos conhecer uma comida se a experimentamos e sentimos seu sabor, assim também acontece com a vida. Para viver, precisamos nos abrir a cada instante do novo dia, dando-nos permissão de desfrutar das novas experiências, agradáveis ou não, tomando consciência de que são irrepetíveis.

Vivemos uma época marcada pelo computador, pela internet, pelo ensino a distância, pelas teleconferências que, sem dúvida, oferecem oportunidade para muita gente que não teve chance de frequentar um curso presencial. Os encontros virtuais multiplicam-se, as salas de bate-papo estão sempre lotadas. Ao mesmo tempo, a insatisfação é um dos sentimentos mais frequentes hoje em dia, porque as pessoas estão cada vez mais distantes umas das outras. Ninguém pode viver a vida por nós, só nós temos condições de fazer essa experiência.

Nossa realização como seres humanos se dá na projeção de nossas possibilidades. Não somos o que somos apenas no presente, mas também o que podemos **vir a ser**, como em uma construção em que vamos nos apropriando de nosso potencial, em um processo gradativo.

> O ser humano inteiramente pleno *ainda não nasceu*. Está sendo formado na enorme placenta da história-processo que ascende e converge para Deus.[11]

---

[11] BOFF, L., *O destino do homem e do mundo*, p. 31.

Constantemente nos ocupamos com coisas “sérias”: o trabalho, a família, a educação de filhos e filhas, e deixamos de lado a vida com toda a novidade que nos apresenta hoje, escorrendo pelos vãos dos dedos. Deixamos de tomar consciência da realidade externa, de contemplar e de participar da criação que se renova a cada dia que amanhece. Você já se perguntou quanto tempo faz que não vê uma borboleta voando? Ou que não vê a chuva caindo e sente o cheiro da terra molhada? Ou que não sente o cheiro da maresia?

5

RUMANDO À PLENITUDE

O projeto de vida

Do latim *projectum* (pro = para frente, jectum = lançado) tem o sentido de lançar para frente e com força, de antever o que ainda não está realizado, de idealizar um objetivo. Disso vêm projeto, projeção, projétil, projetor.

Constantemente, vivemos dois movimentos que nos projetam para trás, na lembrança do passado, e para frente, na abertura para o futuro, deixando-nos claro que a vida acontece no presente, mas não se resume nele. Falamos de projeto como situação ou algo a ser atingido. Portanto, para chegarmos ao objetivo pretendido, precisamos de planejamento.

Você talvez se lembre de alguma festa ou comemoração em família, com vizinhos, na escola ou na paróquia. Pode ser que em alguma dessas ocasiões você tenha se surpreendido com os enfeites: bexigas coloridas penduradas pelas paredes, chapeuzinhos de cartolina das festas infantis, além de salgados, doces, bolo, refrigerantes, e tudo mais dependendo da imaginação, da criatividade e das posses dos organizadores.

Todo projeto que vise a um resultado positivo precisa ser planejado, tendo claro aonde se quer chegar. No caso da festa, o número de participantes, horário, recursos e tudo mais que se fizer necessário para garantir o sucesso e evitar surpresas desagradáveis.

Suponhamos que você tenha decidido aprender uma língua estrangeira. Como primeiro passo precisa ter claro o objetivo, por exemplo, aprendê-la para viajar a outros países. Nesse caso, optar por uma das várias línguas possíveis, mas seria pura trapaça e levar-se na brincadeira optar por uma das línguas faladas em uma pequena aldeia do Cazaquistão, nada necessária nem mesmo útil para sua viagem.

Suponha ainda que seu projeto seja parar de fumar. O primeiro ponto a ser atacado seria eliminar os cinzeiros de sua casa e, imediatamente, jogar no lixo os cigarros que sobraram no maço. Se, por outro lado, continuar adiando parar, igualmente estará se boicotando.

Tendo claro o objetivo a ser atingido, seguem-se as metas. No caso da língua estrangeira, definir qual delas. O passo a seguir será decidir onde estudar, o método, levando em consideração a duração do curso, o horário e os custos que devem estar dentro de seu orçamento.

Se pararmos um pouco nossas atividades, perceberemos quantos compromissos preenchem nosso dia a dia. Temos trabalhos que requerem de nós capacitação periódica ou aprofundamento em alguma área de estudo. Fazemos reuniões, trocamos ideias, esforçamo-nos para conhecer mais e melhor nossas profissões e tudo o que as envolve. Devemos cumprir muitas tarefas externas sem demonstrarmos cansaço, muito menos desinteresse. Por esse motivo, quantas vezes continuamos com nossas atividades sem rever nosso planejamento inicial ou mesmo sem avaliar os resultados, a fim de considerar a necessidade de alguma correção ou algum ajuste.

Muitas vezes, ao pensarmos em algum projeto para nós, podemos nos sentir como crianças diante da vitrine de uma loja de brinquedos. Queremos tudo, mesmo sabendo que não temos dinheiro suficiente nem lugar para guardar todas aquelas coisas. Planejamos muito, julgando que o sucesso será fruto de inúmeras reuniões, conversas, trabalho, mas não nos perguntamos aonde queremos chegar.

Existe uma hierarquia das prioridades, que precisa estar sempre presente em nossas escolhas. Em primeiro lugar o que é **urgente**, depois o que é **necessário**, em seguida o que é **útil** e, só depois, o que é desejado simplesmente por ser **agradável**. O lazer, no conjunto de nossas agendas, antes de ser apenas passatempo, chega a ser necessidade, tão respeitável quanto qualquer trabalho responsável. Há muitas formas de passarmos o tempo com a finalidade de descansarmos e nos divertirmos. No lazer buscamos o divertimento sem compromisso. Na recreação já entra o cuidado de organizar as atividades, como jogos e brincadeiras, podendo mesmo acontecer certa competição esportiva.

É evidente que trabalhar é necessário, porém há de se cuidar que haja momentos de descanso ou de lazer, necessários para que corpo, mente e espírito se recuperem. Supõe a permissão interna de sermos aquilo que somos de maneira completa e não compartimentada. Da mesma forma, é a permissão de escolhermos com liberdade como queremos organizar nosso tempo para vivermos com mais qualidade: lazer, diversão, recreação, entretenimento ou qualquer outra forma de ocupar-nos com nossa participação voluntária ou outras atividades fora do trabalho.

Algumas pessoas aprenderam que devem levar a vida a sério e, por isso, vivem "engomadas", retesadas, com respiração curta, suspensa, não podem perder tempo. Na verdade, quem está vivo e tem autonomia tem as rédeas da própria vida e também é dono de seu tempo. Por isso, há de gastar tempo com o que é necessário, com o trabalho, mas também deve fazê-lo com o lazer.

Há quem pense que para relaxar, tirar férias, só é possível em algum lugar paradisíaco. Não é assim. Lazer é escolha. Podemos escolher parar algum tempo, todo sábado, por exemplo, nem é necessário que seja o dia todo. Caminhamos, reciclamos até os pensamentos, fazemos um balanço da semana, como quando organizamos gavetas ou armários, tiramos o pó, rasgamos papéis velhos, jogamos fora tudo que só esteja ocupando espaço. Que tal fazer isso agora, gastar alguns minutos com você?

> A condição essencial para a verdadeira satisfação humana é permanecermos inteiramente ativos em todos os nossos aspectos e poderes – sentidos, emoções, mente, desejo e coração. Não posso favorecer meus sentidos e emoções, sacrificando minha mente ou coração.[1]

A oração da vigília Pascal nos aponta para "um novo céu e uma nova terra – eis que venho fazer novas todas as coisas". O Mistério Pascal sinaliza para o processo de humanização que devemos levar a toda a criação, de modo a reestruturarmos nossa personalidade, aproximando-nos da imagem inicial que o Senhor preparou para nós.

Dom Luciano Mendes de Almeida costumava dizer que quando vemos cacos de vidro no chão sabemos que um copo ou alguma coisa se quebrou, e quando vemos cacos de vida, sabemos que algo no projeto de Deus se quebrou. Somos responsáveis de fazer a vida crescer sempre mais.

A responsabilidade, isto é, dar respostas coerentes a uma necessidade, está no âmago do ser humano. A culpa, que sinaliza ter havido negligência, omissão ou outros impedimentos, é destruidora do projeto de vida que Deus tem por nós.

Sonhando com as alturas

Quantos de nós, quando crianças, sonhamos que voávamos. Algumas pessoas, depois de adultas, ainda sonham que dominam os ares e, ao acordar, sentem-se envergonhadas de ainda sonharem assim. Na interpretação pessoal do sonho há quem veja nisso o desejo de libertar-se de alguma situação limitadora em que está vivendo. Ou ainda, que está diante de uma ocasião de enfrentar novas oportunidades, vistas como muito altas e desafiadoras. São comuns a muitas pessoas e, em geral, simbolizam nossa inspiração e o desejo de transcender do lado corriqueiro da vida.

---

1 POWELL, John, *Para viver em plenitude.*, p. 57.

Tudo começa no sonho. Se nos permitirmos sonhar, sem levar em conta a repressão que nos emudece e paralisa, poderemos construir algo novo. Ao contrário, jamais atingiremos a meta desejada. De tanto repetirmos velhas fórmulas, sem questionarmos sua validade para o momento presente, vamos nos mantendo imóveis na **mesmice**, no charco da mediocridade, sem encararmos o desafio de assumir o protagonismo de nossa vida.

Ao sonhar que voamos temos o controle da situação, desde o impulso inicial, o próprio voo, a velocidade, a observação dos lugares. De longe, o olhar sobre a paisagem modifica nosso enfoque. Ao nos afastarmos, tomarmos distância, nossa percepção pode ser mais autêntica. Fazemos uma dissociação que não é fuga, mas mudança de posição para podermos observar melhor.

Deus nos criou para as alturas, para grandes conquistas, para além de nossas expectativas apoucadas e tímidas. Aprender "a voar", ampliar nossos horizontes, faz parte do chamado para o crescimento. A experiência de voar, como metáfora, pode nos ensinar a expandir o olhar, a ver não só a realidade externa, mas, de modo especial, nossa riqueza interior.

Anthony de Mello[2], jesuíta indiano, fala sobre a Águia Dourada, metáfora que repetiu em suas inúmeras palestras. Um ovo de águia foi deixado por um homem no ninho de uma galinha. Tempos depois, junto aos pintinhos, nasceu também uma aguiazinha, que com eles crescia e convivia normalmente. O tempo todo a águia, achando que fosse uma galinha, fazia exatamente o mesmo que os pintinhos faziam: ciscava a terra à procura de insetos, cacarejava e batia as asas conseguindo apenas um pequeno voo. Os anos passaram-se e a águia envelheceu. Certo dia, erguendo os olhos viu no céu um pássaro majestoso voando com muita leveza e graça. Depois de fitá-lo, com respeito e admiração, perguntou a um de seus amigos quem seria aquela figura. – É uma águia e é rainha, foi a resposta do amigo que a aconselhou a

---

[2] MELLO, Anthony de, *Despertando para o Eu,* p. 9-10.

não olhar muito para aquela águia, já que no quintal eles eram de raça diferente, apenas galinhas. A águia não pensou mais nisso e continuou vivendo até morrer, convencida que foi pelo amigo de que era uma simples galinha.

> Podemos ser nós mesmos, conscientes do que nos convém, livres para sentir e para decidir sem constrangimentos. Podemos, principalmente, desfrutar da alegria e do amor com as cores com que decidimos pintar nossa vida.[3]

Nesse sentido, a liberdade de partilhar, não apenas bens materiais, mas aquilo que somos e temos como pessoa, nosso tempo, nossas habilidades e nossos saberes, é uma grande demonstração de que vivemos com autenticidade. A partilha só será válida se nosso olhar for além de nossos interesses egocêntricos, isto é, se admitirmos que também as outras pessoas fazem parte do processo de criação.

Nosso chamado é para dominar, respeitar e participar da criação, não para destruí-la. "Todos vós, conforme o dom que cada um recebeu, consagrai-vos ao serviço uns dos outros, como bons despenseiros da multiforme graça de Deus. Se alguém fala, faça-o como se pronunciasse palavras de Deus. Alguém presta um serviço? Faça-o com a capacidade que Deus lhe concedeu..." (1Pd 4,10-11).

Ampliando os limites

Quando olhamos para um mapa, imediatamente reconhecemos naquelas formas os contornos de nosso país ou de outros países. Os limites ou as fronteiras, linhas imaginárias que definem tanto nosso território como o dos outros, são nítidos e representam as cercas ou os muros que demarcam o terreno de nossas propriedades. Sinalizam que até ali é nosso, dali para a frente é dos outros.

---

[3] LACERDA, M.P. de, *Permissão para viver*, p. 54.

De modo semelhante, essa imagem geográfica pode ser aplicada a muitas outras situações, em que é necessário olhar com respeito o que é nosso e o que não é, o que nos pertence de algum modo e o que pertence a outros. Limite, igualmente, fala de algo que está acabando, como o fim da festa ou o limite das forças e a necessidade de descansar, porque chegamos a nosso extremo.

Quanto mais conhecemos nossos limites, nossas fronteiras, mais temos condições de conhecer a realidade, as fronteiras exteriores. Ao aprendermos sobre nós mesmos temos condições de perceber as razões ocultas, que se escondem por trás de certas atitudes que tomamos.

A permissão que a criança recebe tende a levá-la a expandir seus limites e agir no mundo de modo a fazer a diferença, chegando à realização pessoal. É necessário aceitá-la como é, ajudá-la a aceitar-se e a tomar consciência de seu potencial e de seu valor. Por outro lado, uma criança que não foi incentivada a conhecer-se pode chegar a contentar-se com a mediocridade, tendo uma atitude passiva diante da vida e de seus limites. A criança precisa descobrir suas capacidades, seus atributos e acreditar que é criativa, e que ser inteligente é muito mais do que ter um QI alto.

O psicólogo de Harvard, Howard Gardner, afirma que temos não somente uma, mas múltiplas inteligências, dentre as quais estão a inteligência linguística e musical, a matemática, a espacial, a cenestésica, a interpessoal (relacionamento com os outros) e a intrapessoal (autoconhecimento e compreensão de si mesmo). Argumenta que esses tipos de inteligência são mais ou menos independentes entre si e que nenhum é mais importante que outro, apesar de alguns se manifestarem como "dominantes", enquanto outros como "latentes".[4]

A atitude passiva diante dos limites pode levar a pessoa a contentar-se com a mediocridade. Alguém que se acomode a qualquer situação sem questionamento demonstra falta de coragem ou de garra para a luta da vida. Quem não se assume enquanto pessoa, ao mesmo tempo não se compromete, omite-se, foge da luta.

---

[4] GARDNER , Howard, in ROBINSON, Ken, *O elemento-chave,* p. 52-53.

Limite é ainda – e aqui é o que mais interessa – a dificuldade que sentimos quando nosso desejo é o de conseguir mais e melhor, como, por exemplo, ampliar o alcance de nossa atenção para entender e acompanhar um raciocínio de matemática; ou a dificuldade em aceitar que ainda não sabemos superar um problema de relacionamento; ou a insatisfação ao verificarmos que ainda temos muito trabalho pela frente para atingir a maturidade.

Existe uma tensão natural, incômoda e inevitável entre o desejo de superar marcas, de nos realizarmos inteiramente e, por outro lado, a constatação dos limites de nossas forças e de nossas habilidades para tanto. Entretanto, toda pessoa é criada para a plenitude, para sair da timidez de uma vida sem realizações, descolorida, para ir além de seus contornos apoucados. A consciência de nossa criaturidade nos desperta para a real possibilidade de sermos limitados, de não termos a posse da perfeição. A todo instante, vamos nos damos conta de luzes e sombras, altos e baixos, encontros e desencontros, vida e morte.

> Contudo esta íntima experiência em que cada bocado de vida é tocado por um bocado de morte, pode apontar-nos para além dos limites de nossa existência. Ela o pode fazer, dirigindo-nos o olhar para diante, na esperança do dia em que nossos corações se encherão de perfeita alegria, a eterna alegria que ninguém tirará de nós.[5]

Ir além das fronteiras pessoais, acreditando no próprio potencial, é característica de quem é livre e permite-se crescer. Igualmente exige convicção no que pretende atingir. Nesse sentido podemos afirmar que limite é para ser ampliado. É o que Deus constantemente faz conosco, ele nos provoca a sairmos de nosso comodismo, a tomarmos consciência de nosso potencial, ultrapassando as barreiras que impedem nosso crescimento pessoal.

Somente um ser livre é capaz de raciocinar e escolher a vida. É o que veremos a seguir.

---

[5] NOUWEN, H., *O Paradoxo da Solidão*, p. 44.

A vida como projeto maior

Em um mundo que contempla o imediatismo, a aceleração quase mórbida, a pressa que nos incentiva a querer as coisas "para ontem", falar de projeto de vida pode parecer fora de propósito. Algumas pessoas vivem tão apressadas, que mais uma vez nos lembram o Coelho, personagem de "Alice no país das maravilhas", sempre correndo, consultando o relógio e repetindo "é tarde, é tarde". Por outro lado, a sensibilidade aparece, senão como impedimento, pelo menos como fator desestimulante: "gosto disso, não gosto daquilo", "não sigo normas", querendo aparentar rebeldia.

Deus chama cada pessoa pelo nome, a viver no dia a dia, onde a vida acontece, reproduz-se e está presente. O chamado de Deus, do latim *vocare*, chamar, mesmo sendo sempre individual, apresenta uma dimensão comunitária, social, de serviço, para que a vida germine cada vez mais. Ao fazer seu relato, o autor sagrado sinaliza que somos chamados à vida no cotidiano, onde ela se reproduz e está presente, e, ao assumirmos esse chamado, nossa experiência de Deus é aprofundada.

Todo o relato da criação é um chamado à vida. Teilhard de Chardin, confirmando o que Aristóteles dizia, afirma que onde há vida, há movimento e, analogamente, na luz e no vento que sopra, há movimento e vida. O mesmo ocorre na definição do tempo – noite e dia – e na separação das águas. "... A terra estava vazia, as trevas cobriam o abismo, e um sopro de Deus agitava a superfície das águas" (Gn 1,2). A água de onde surgiu a vida, aliás, remete-nos ao batismo em que Deus chama cada ser humano pelo nome, para uma participação e vivência comunitária, em família.

A cada dia recebemos diversos chamados, da manhã à noite, aos quais podemos responder sim ou não, e que, de certo modo, nos apontam caminhos para a realização do plano divino em nós. Em primeiro lugar, Deus nos quer **gente** de verdade, aceitando e assumindo nossa dimensão corporal, mental ou psicológica e espiritual. Assim, segundo os mestres da vida espiritual, quanto mais humanos formos, mais divinos seremos.

> Ao analisar o mundo das decisões humanas, a Psicologia pôs em evidência a "importância" de uma "eleição fundamental" ou o "projeto geral de vida" na estrutura da personalidade. Os atos do homem têm sentido através dessa decisão fundamental.[6]

Sabemos identificar e rejeitar os contravalores que nos são apresentados pelo mundo, ou vamos nos distraindo com coisas que nos desviam do sentido principal? Vale a pena termos claro qual nosso projeto para hoje, quais nossos valores fundamentais.

Embora o chamado à vida seja individual, apresenta uma dimensão social, de serviço, para que germine sempre mais. Porém, as distrações do cotidiano, os jogos de poder, a ganância, a idolatria ao dinheiro, a guerra etc. vão, aos poucos, distanciando-nos do sentido original do chamado: viver e colaborar no projeto de Deus para que a vida aconteça. "Eu vim para que tenham a vida e a tenham em abundância" (Jo 10,10). As palavras e os atos do Criador nos lembram do compromisso de sermos seus colaboradores no processo contínuo de recriação do mundo e de tudo o que nele existe.

Ao tomarmos consciência da bênção permanente de Deus, somos chamados a santificar a obra da Criação, a dar um significado especial, isto é, separar do comum, tendo consciência de que na Criação somos enraizados no amor de Deus. Esse pode ser o início do processo de santificação do inconsciente, pelo qual nos distanciamos para melhor visualizar a obra de Deus em nós.

> Onde o amor humano faz surgir o melhor na pessoa amada, o amor de Deus faz nascer a pessoa amada. O amor de Deus é primeiro, e minha fonte está nele. Seu amor é mais fundamental que minha própria existência. O fundamento mais profundo de meu ser é que eu sou amado.[7]

---

[6] VIDAL, Marciano, *Moral de Atitudes,* p. 497.

[7] BREEMEN, Peter von, *O ser humano é criado...,* in: González-Quevedo, Luís, p. 97-98.

A santificação do inconsciente é a entrada e o aprofundamento em nosso interior, tomando posse de nossos conteúdos, para deixar-nos conduzir pelo Senhor. É o processo de *kênosis*, o esvaziamento de nós mesmos, para abrirmos espaço para que o Espírito possa agir. Nesse mergulho interno percebemos nossas fronteiras e, desse modo, podemos conhecer melhor as fronteiras exteriores. Quando nos propomos o autoconhecimento, torna-se mais fácil visualizarmos os momentos de ruptura, em que nos distanciamos do projeto de Deus e o rejeitamos.

O rompimento com o plano de Deus, o fechamento a sua graça torna o mundo inviável. A Aliança é proposta por Deus para que o ser humano perceba as ideologias desviantes e retome o caminho original. Como aparece em Is 55,7: "Abandone o ímpio o seu caminho, e o homem mau seus pensamentos, e volte a Iahweh, pois terá compaixão dele, a nosso Deus, porque é rico em perdão".

Desde o início da narrativa da Criação, fica evidente o desejo de Deus de criar o mundo do nada. "No princípio, Deus criou o céu e a terra. Ora, a terra estava vazia e vaga, as trevas cobriam o abismo, e um sopro de Deus agitava a superfície das águas" (Gn 1,1-2). O texto sugere que não havia vida. Tudo era desolação, caos, deserto, abismo. Deus, então, faz surgir a luz. Deus disse: "Haja luz", e houve luz" (Gn 1,3).

Deus separa as águas de cima das águas de baixo, criando o firmamento. Na água surge a vida, onde os primeiros organismos vivos começam a germinar. A água igualmente lembra nosso batismo quando nos integramos como filhos e filhas à vida de família e somos chamados à participação comunitária.

A criação dos dois luzeiros do tempo destaca a dualidade: o luzeiro maior, sol, para o dia, e o menor, lua, para a noite. O tempo começa a ser estabelecido, em uma ordem que, desrespeitada, produz mal-estar, stress e todo tipo de desencontro. Por não ser perfeito, o ser humano está sujeito ao mal. A luz passa a determinar o tempo dos encontros, das conversas, das festas, do plantio e da colheita. A lua, por sua vez, define o tempo de plantar que, não respeitado, pode causar a fome e a morte pela falta do alimento. "Que a terra verdeje de verdura: ervas que deem semente e árvores frutíferas que deem sobre a terra, segundo sua espécie, frutos contendo suas sementes", e assim se fez (Gn 1,11). A semente sugere a reprodução, a perpetuação da espécie.

Deus abençoa as criaturas do mar e do céu para serem fecundas, multiplicarem-se e serem coparticipantes da criação, produzindo vida, com a ampliação de suas espécies. "Sede fecundos, multiplicai-vos, enchei a água dos mares, e que as aves se multipliquem sobre a terra" (Gn 1,22).

Os cinco dias anteriores acontecem como preparação, antecâmara da criação do ser humano, imagem e semelhança do Criador, sua obra-prima, dotada de seu hálito de vida (neshamah) (Gn 2,7), diferente da respiração ou do espírito vital (rûah), do qual são dotados também os animais. O termo é aplicado somente a Deus e ao homem, e, no livro dos Provérbios, é definido pitorescamente assim: "A neshamah do homem é uma lâmpada de Jhwh, que perscruta as profundezas do ser" (Pr 20,27).[8] É a capacidade do ser humano de se autoconhecer, de ter consciência interna.

Novamente se repete a bênção no sexto dia, quando Deus cria o ser humano: Deus criou o homem a sua imagem, à imagem de Deus ele os criou. Deus os abençoou e lhes disse: "Sede fecundos, multiplicai-vos, enchei a terra e submetei-a" (Gn 1,27-28). Ao contemplar sua criação, à semelhança do artista que tem consciência de ter criado sua obra-prima, Deus viu tudo o que tinha feito: e era muito bom (Gn 1,31). O homem é, por isso, a representação mais semelhante a Deus que se pode conceber, mas não é Deus. Diante das outras sete obras, o Criador "viu que tudo eram coisas belas e boas (tób); quanto ao homem, ao contrário, percebe ter criado sua obra-prima, "e eis que era coisa muito bela e boa" (Gn 1,31).[9]

---

[8] RAVASI, Gianfranco, *A Narrativa do Céu,* p. 45

[9] RAVASI, Gianfranco, *A Narrativa do Céu*, p. 37.

O autor sagrado, a seguir, mostra o Senhor no jardim da Criação, à hora da brisa, indo ao encontro do homem, e o surpreende escondido porque estava nu. "Quem te disse que estavas nu?" (Gn 2,25). Por não aceitarem sua criaturidade e quererem ser como Deus, sentem vergonha por estarem nus. O homem rompe com o projeto de Deus. Essa ruptura com a Aliança leva à sentença condenatória representada pelo trabalho, cansaço, tendo que cultivar a terra para seu sustento e sobrevivência até a morte. "Com o suor do teu rosto comerás teu pão até que retornes ao solo, pois dele foste tirado. Pois tu és pó e ao pó tornarás" (Gn 3,17-19).

O passeio do homem feliz e tranquilo pelo Jardim do Éden, florido e cultivado, simboliza a terra também tranquila e feliz. Ao mesmo tempo representa o projeto de Deus, o sonho divino, posteriormente estragado pelo homem. Ao aceitarem sua criaturidade, homem e mulher podem viver em harmonia, assumindo sua sexualidade, não como sinal de onipotência, mas de dependência ao Criador.

O paraíso terrestre representa para o ser humano um chamado, que se consolida na vocação batismal, pela qual somos acolhidos por Deus como filhos e nos integramos à Igreja. Porém, com a ruptura, passa de lugar do encontro a lugar do desencontro, do escondimento, da vergonha. Como nesse caso, todo desencontro, todo conflito ou vício desfigura e banaliza o que é sagrado, e o jardim, que antes era lugar da comunicação, deixa de florescer e torna-se incomunicável. O ser humano se arvora como seu próprio juiz e exclui a interferência divina.

Uma pessoa insegura pode procurar por segurança, apoio em qualquer lugar, mesmo que para isso seja preciso "puxar o tapete" de alguém. A vergonha, em vista da nudez na cena do jardim, levou à insegurança, ampla abertura para a injustiça, para a simulação, para a mentira, para a manipulação. Da mesma forma, toda pessoa agressiva, violenta ou defensiva é insegura. Por essa razão, sua tendência, para defender-se e evitar supostos perigos, será afastar e até eliminar tudo ou todos que a levem a sentir-se ameaçada.

A citação do descanso no sétimo dia para nós pode ser uma lembrança de que a vida precisa ser respeitada como dom maior e que, como seres humanos, também precisamos descansar, refazer nossas forças para estarmos disponíveis ao louvor e ao serviço a Deus. Atento e sensível a esse ponto, Jesus com frequência convidava seus discípulos a sair e descansar. "Passemos para a outra margem" (Mc 4,35).

Além disso, nascemos para nos encontrar e interagir com os outros seres humanos e caminhar em igualdade e fraternidade. A consciência dessa condição de que somos sua imagem e semelhança nos facilita descobrir as outras pessoas e a estar presentes com elas em harmonia. Todo projeto de vida precisa fundamentar-se nos pilares que sustentam as quatro relações básicas, com Deus – relação filial; com as pessoas – fraternidade; diante das coisas criadas – de senhorio; consigo mesmo – respeito e autoestima, sabendo responder às perguntas: Como tenho vivido? Qual a meta a alcançar? Quais os meios que reconheço necessários para melhorar?

Para a consecução do projeto podemos escolher uma frase para repetirmos com frequência, a qual será para nós um lema do que queremos alcançar. De tempos em tempos é importante avaliá-lo, como para tomarmos o pulso do que temos atingido e não acontecer de, eventualmente, boicotarmo-nos em vista de alguma dificuldade encontrada em sua concretização.

O empenho para que o projeto de Jesus, a construção de seu Reino, concretize-se, pode ser uma maneira de respondermos ao chamado. É na justiça, ou seja, na realização de vida digna para todas as pessoas, que ele se estabelece; é quando saímos da teoria acomodada para irmos ao encontro das pessoas, percebendo suas necessidades e procurando supri-las. Por crermos na sacralidade da vida, proposta que Deus nos faz, nós a acolhemos como chamado, respondendo com liberdade. É o que veremos a seguir.

6

O CHAMADO À LIBERDADE

Há uma necessidade intrínseca de nos conhecermos, procurando como que fazer uma viagem a nosso eu interior, deixando-nos conduzir pelo Espírito do Senhor, e lá encontrarmos nossa fonte. Fomos criados para a liberdade, para sermos o que somos, algo muito grande e precioso. "Vós fostes chamados à liberdade, irmãos. Entretanto, que a liberdade não sirva de pretexto para a carne, mas, pela caridade, colocai-vos a serviço uns dos outros" (Gl 5,13).

Desobedecer aos pais, dizer não a sua autoridade, é uma das primeiras manifestações da criança que deseja experimentar seu próprio caminho. Com o tempo, porém, tende a ficar claro que liberdade não se resume à rebeldia ou à recusa diante de qualquer imposição. É muito mais. Ter liberdade, ser livre, é poder tomar decisões conscientes, assumindo o compromisso e a responsabilidade com a própria vida e pelas escolhas feitas.

> A liberdade é como a semente de mostarda. Se o terreno em que é lançada for favorável, ela crescerá. Mas isso só se verifica se houver o esforço de todos no sentido de contribuir para o seu crescimento, e a crescente consciência pública de que a verdadeira liberdade não pode existir sem reciprocidade, sem relacionamento humano em que cada um é respeitado e honrado.[1]

Discordar é um eventual requisito para o exercício da liberdade, até porque ser livre não quer dizer "fazer o que agrada" e "deixar de lado o que não agrada". A liberdade de expandir-se leva

[1] HAERING, Bernhard, *Livres e fiéis em Cristo*, p. 151.

à nova descoberta. Tendo possibilidade de criar, podemos chegar à realização pessoal. Acima de tudo, ser livre significa querer e escolher o que é adequado, justo, que não prejudica, a curto, médio ou longo prazo, nem a nós nem a ninguém, e que promove o bem comum.

> A luta pela liberdade dá à existência do homem um conteúdo – ideais a serem alcançados. Mas, uma vez que o homem se liberta da autoridade, e atinge a independência e prosperidade material, o perigo do vazio existencial torna-se verdadeiro. Pela segunda vez come da Árvore do Conhecimento, e pela segunda vez é expulso do Jardim do Éden. Novamente está só e desamparado; ainda que o resultado desta nova expulsão, em uma sociedade de consumo e automatização, não seja a desgraça de ganhar o pão com o suor do seu rosto, mas o tédio ao qual sucumbe o espírito. E o tédio não é a única consequência da liberdade. Também sente culpa, porque sabe que podia ter escolhido de outra maneira, e experimenta a angústia, porque o peso da liberdade é muito grande. Por outro lado, a liberdade também traz alegria, pois eleger é um ato criador, e toda a atividade criativa proporciona motivos para viver.[2]

O medo ou o descrédito de si mesmo podem ser condicionamentos internos que interferem na liberdade. Da mesma forma, o sistema político, social e econômico, bem como a propaganda, podem interferir nos atos e nas atitudes de alguém. Ser livre significa agir sem coação, escolher fazer ou não fazer alguma coisa, ter responsabilidade pelos próprios atos, podendo ser protagonista da própria vida.

Acrescentamos ainda que ser livre é saber lidar com a frustração, manter o foco na realidade, sem expectativas quanto a algum resultado predeterminado. Quantos pedidos inúteis de desculpas formulamos, que expressam nada mais do que preocupação defensiva com o que as pessoas pensam sobre nós ou sentem a nosso respeito.

Haering afirma ainda que a liberdade criativa, como um dos dons do Espírito de Deus, tem seu símbolo central no Cristo

---

[2] FABRY, Joseph B., *A busca do significado,* p. 143.

Ressuscitado, que cumpriu sua missão com o poder do Espírito e nô-lo envia do Pai, para que sigamos seus passos. O Espírito nos leva a reconhecer como dons imerecidos de Deus nossa liberdade assim como tudo que existe de bom.

A indiferença, outro nome da liberdade

Todas as coisas na terra podem ser usadas pelo ser humano, dentro do que Santo Inácio de Loyola chama de **indiferença.** Esta é a atitude de soltar os afetos desordenados, tudo aquilo que impede alguém de ser livre, tendo consciência de que a plenitude será alcançada apenas na Vida Eterna.

> Só há um *unicum necessarium*: penetrar em Deus e ser um com Ele. Os caminhos que conduzem para lá são e podem ser múltiplos. Cabe a cada qual consultar-se, ver qual o caminho no qual pode caminhar melhor e, com o capital que dispõe, fazer um bom negócio (cf. Mt 25,14-30; Lc 19,11-27). No caminhar não nos podemos instalar em nenhuma morada definitiva.[3]

Deus nos propõe dois caminhos: o da bênção ou o da maldição. É responsabilidade e disponibilidade diante de todas as coisas criadas, não é fazer o que nos dá na cabeça. É a aliança divina que nos chama a olhar para a criação, contemplando todas as coisas em Deus, e Deus em todas as coisas. Ele nos fala por meio de sua obra. Ao ser humano cabe o domínio da criação, não sua posse.

> Em seu afã de liberdade o homem chega ao desenfreamento de improvisar suas próprias regras. Se continua essa tendência, e cada homem se erige em arquiteto de seus valores, o mundo pode converter-se em uma moderna Babel, e a moral do homem, diversificada e subjetiva, poderá conduzi-lo à autodestruição. A promessa feita por Deus a Noé, de jamais desencadear outro dilúvio, não exclui a possibilidade de que o homem acabe por abrir ele mesmo as comportas. Sua liberdade permite-lhe renunciar inclusive à sua própria vida.[4]

---

[3] BOFF, L., *O destino do homem e do mundo,* p. 33.

[4] FABRY, Joseph B., o. c., p. 145.

Ser livre ou ser indiferente, ao mesmo tempo, é, segundo Santo Inácio, saber usar das coisas do mundo com indiferença, sem apegos**, tanto quanto** possam ser ajuda, e deixá-las de lado sempre que forem empecilho para a finalidade proposta. Demonstramos que somos livres ao deixarmos acontecer o esvaziamento, a kênosis de nós mesmos, abrindo espaço para a ação de Deus, lembrando que estamos no mundo de passagem, sabendo usar de todas as coisas quando necessárias, nem mais nem menos.

> O homem não se deve deixar dominar por nada no mundo, nem pelas necessidades biológicas nem pelas mundanas, nem pelo aparato técnico e institucional que criou. Não se deve ocupar com o mundo de tal forma que esqueça o outro e a Deus. Como também não deve se ocupar com Deus e com as coisas divinas de tal forma que venha a olvidar suas obrigações para com o mundo e o irmão. [5]

Acompanhando os evangelhos, descobrimos que Jesus vivia a **indiferença** como homem livre. Não estava preso a nada que o impedisse de viver conforme a Vontade do Pai. Estava com as pessoas, acolhia sem distanciamentos e apegos desnecessários. Todo o seu ser demonstrava aceitação. Revelava com o olhar sua postura isenta de superioridade ou preconceito. Dele diziam até seus adversários: "Não dás preferência a ninguém, pois não consideras um homem pelas aparências" (Mt 22,16).

> A nossa liberdade é possibilidade para o agir de Deus. E o agir de Deus é criador de liberdade, porque criador do ser e da consciência. Ser possuído por Deus é ser mais si mesmo, porque mais livre e consciente. Maior é o contato com a fonte do ser, Deus.[6]

A prática constante de alguma atividade ou ação, desde as mais simples como escovar os dentes, levantar da cama de manhã, ir para a cama à noite, ler, até as que exigem maior atenção como dirigir um carro, cozinhar, usar o computador, pode tornar-se um

---

[5] BOFF, L., *O Destino do Homem e do Mundo,* p. 39.

[6] LIBANIO, J. B., *Discernimento espiritual,* p. 94.

hábito. De certa forma, o hábito que se estabelece torna-se automático e expressa nosso modo de viver. Nem sempre o hábito estabelecido significa liberdade. Apenas pode apontar para um comportamento adquirido, algumas vezes sem maior consciência.

> Sermos humanos pode ser considerado tão complicado e frustrante como descobrir o momento certo para parar de fumar. A vida humana comum é complexa, porque há uma interação entre a variedade dos relacionamentos, tarefas e personalidades que constituem a humanidade. A fim de lidarmos com essas complexidades, desenvolvemos "práticas". Em seu famoso livro, *After Virtue*, Alasdair MacIntyre argumenta que uma prática é uma atividade regular que nos modela de tal maneira que desenvolvemos disposições para agir de um modo definido. Práticas formam hábitos.[7]

Há uma tendência que nos leva a tomarmos algumas atitudes como necessárias, mas não nos deixam alternativas para questionamentos. Por exemplo, a de "termos de" cuidar de nossos filhos. Aparentemente, parece ser uma chamada correta, porém não somos livres quando apenas realizamos algo porque "temos de". No caso dos filhos, ninguém "é obrigado" a cuidar deles, cuida sim porque percebe que é o mais adequado, justo, portanto escolhe e decide fazer o que merece ser feito. Para não cairmos na armadilha do "tenho de" é preciso termos atenção para perceber qual o valor que está em jogo.

Quando éramos crianças fomos, aos poucos, nem sempre voluntariamente, aprendendo a necessidade de ter hábito de higiene, escovar os dentes, tomar banho etc. Hoje, a opção é nossa. Sabemos da importância de cultivar tais hábitos e decidimos livremente segui-los, ninguém mais nos obriga a isso.

> As pessoas plenas encontram satisfação em situações que outros consideram uma obrigação ou um dever enfadonho. Elas não têm de, elas querem. Estão cientes dos espinhos, mas concentram-se nas rosas. Cada dia traz-lhes um aspecto novo; seus dias não são cópias

---

[7] KEENAN, J. F., *Virtues for ordinary christians,* p. 4 (tradução da autora).

carbono de ontem. Ninguém (incluindo elas próprias) é hoje a pessoa que foi ontem.[8]

O encontro que liberta

Encontrar Deus é um dos requisitos para quem quer chegar à liberdade. Acontece que nem sempre o procuramos onde Ele primeiramente deve ser encontrado, em nossa intimidade. Vivemos em um mundo em que o barulho, a agitação e a pressa são sinônimos de produtividade, de sucesso. Frequentemente alguém nos convida a produzir e a apresentar resultados, por isso acreditamos precisar viver em atividade constante. Segundo esse modelo, nossa vida corre o risco de perder o sentido e de chegar ao vazio. Somos chamados a ser peregrinos para a eternidade, ouvindo o mesmo chamado de Deus a Abrão "Sai da tua terra, da tua parentela e da casa de teu pai, para a terra que te mostrarei" (Gn 12,1).

Os dois verbos de ação e movimento, tanto em Gênesis, ***Sai,*** como no Apocalipse, ***Vem*** (maranatá), denotam que Deus nos impulsiona, não nos quer acomodados e nos acolhe, pronto para viver conosco um encontro de intimidade. No relato do jardim, apresentado e valorizado como lugar da hospitalidade e da comunhão, Deus igualmente vem ao cair da tarde ao encontro do homem e da mulher. "Deus passeava no jardim à brisa do dia..." (Gn 3,8).

Nos evangelhos encontramos Jesus saindo do meio do barulho para um lugar solitário para, em sua intimidade, encontrar o Pai. "De madrugada, estando ainda escuro, Jesus se levantou e retirou-se para um lugar deserto. E ali orava" (Mc 1,35). Nesse lugar solitário, Jesus permitia-se ser contemplativo na ação.

Santo Inácio de Loyola propõe que as pessoas que fazem os Exercícios Espirituais peçam a graça do "conhecimento interno de Jesus". Mais do que saber identificá-lo, conhecer internamente

[8] POWELL, John, o. c., p. 57.

supõe o encontro pessoal e íntimo com o Senhor, para estar **com** e ser **como,** sendo também abertura para seu seguimento na missão, não apenas com os olhos ou com uma câmera filmadora. O encontro leva ao amor: para quem vive o amor plenamente não há divisões ou exclusões.

> Todo amor verdadeiro é caminho para Aquele que nos amou primeiro. Na experiência do amor, o ser humano experimenta, consciente ou inconscientemente, a presença e a saudade de Deus.[9]

Estruturamos nossos desejos para nas coisas criadas vivermos e sermos o Amor. Até que o processo de santificação se consolide, e o Deus Trinitário seja tudo em todos. "Já não sou eu que vivo, mas é Cristo que vive em mim" (Gl 2,20).

> O apelo feito por esse homem àqueles que ele quer escolher provoca uma ação: o seguimento, que por si mesmo constitui já confissão de fé em Jesus, mesmo que ela deva ainda progredir e explicitar-se aos poucos. Entrar no caminho de conhecimento da identidade daquele a quem seguimos é processo cujo amadurecimento exige duração e convívio diuturno.[10]

O evangelista João relata que, em certa ocasião, à beira do poço de Jacó, Jesus teve um encontro três vezes proibido, com uma **mulher**, **estrangeira** e **prostituta** (Jo 4). Apresenta-nos duas pessoas, duas buscas de água e duas sedes que se aproximam. A samaritana, mulher discriminada por sua condição social, tinha levado um jarro para buscar água e acabou descobrindo uma água diferente, para a qual não seria necessária outra vasilha a não ser a abertura de seu coração para acolher a proposta de vida nova e anunciá-la às outras pessoas. Jesus, deixando de lado sua própria sede depois da caminhada, oferece outra água, de que ela precisava e da qual ainda não tinha consciência, e que a saciaria por inteiro.

---

[9] GONZÁLEZ-QUEVEDO, L., *Um sentido para a vida,* p. 18.

[10] HURTADO, Manuel, *Fé e seguimento,* Revista de Itaici, n. 91, março, 2013, p. 14.

No poço acontece o encontro que cura, liberta, porque acolhe, evangeliza e revela que ninguém é só sede ou só água, ninguém é só carência. É no momento do encontro, quando se soltam as amarras que oprimem, excluem e impedem a vida, que sede e água se juntam, e acontece a partilha.

Encontrar Jesus, para conhecê-lo e segui-lo, é sair de nós mesmos, deixando que nossa história seja iluminada por Ele. Seguir não com a máquina fotográfica do turista, mas com o desejo de um conhecimento maior, para poder amá-lo, porque quem ama se envolve e se compromete com a pessoa amada. Seguimento é processo de vida que começa pelos aspectos exteriores, visíveis e vai se aprofundando até chegar ao essencial. O verdadeiro seguimento deve nos levar a ser fiéis com radicalidade, com todo o nosso ser, mesmo que se trate de caminho longo e árduo.

No encontro com Jesus, abre-se a possibilidade de conhecer nosso potencial, nossa água e, da mesma forma, nossa sede, isto é, nossas carências e necessidades. A pedagogia de Jesus facilita que nossa realidade pessoal, nossa vida e nosso passado se iluminem, e toda a nossa história seja resgatada e reinterpretada. Os acontecimentos não mudam, mas podem ser ressignificados. Não podemos mudar os fatos que aconteceram, nossa história de vida, mas podemos aprender a fazer sua leitura de forma renovada. Essa releitura não significa negar ou rejeitar o que já vivemos ou simplesmente fazer de conta que nada aconteceu. Não é colocar uma pedra em cima sem resolver a situação ou "jogar no lixo" do esquecimento. Ao contrário, olhar os fatos dentro da realidade, mesmo que doam, é atitude de quem quer ter o controle da própria vida. É descobrir um jeito novo de olhar para a mesma "paisagem" já tão conhecida, sem se deixar intimidar ou surpreender por ela.

Toda pessoa deseja ser genuinamente aceita e acolhida. Caminhar no sentido da plenitude é a capacidade de amar a si próprio, a tal ponto que seja possível manter relacionamentos saudáveis, autênticos e profundos com as pessoas. Em outras palavras, só quem tem uma autoestima adequada é capaz de amar, sintonizando com as necessidades não só de familiares ou de quem faz parte de seus grupos de amizade, mas de quem quer que precise de apoio. É saber dar resposta coerente e semelhante ao que Jesus chama de maior mandamento da Lei: "Amarás a teu próximo como a ti mesmo" (Mt 22,39).

O amor é a presença de Deus-Criador amoroso em nós, sempre disposto a se encontrar conosco e a nos ensinar a nos conhecermos. Se aprendemos a nos conhecer, podemos dizer que temos condições de nos amar. Segundo João, o amor é uma das condições para conhecer a Deus. "... o amor vem de Deus e todo aquele que ama nasceu de Deus e conhece a Deus. Aquele que não ama não conheceu a Deus, porque Deus é Amor" (1Jo 4,7-8).

Se em primeiro lugar autenticamente nos amamos, a partir daí teremos condições de amar a todas as outras criaturas. Do contrário estaríamos falseando, não seríamos honestos, não haveria amor, apenas uma caricatura. Da mesma forma, nosso relacionamento com Deus também deverá espalhar-se a nossa volta.

O uso da liberdade

No mundo pós-moderno há uma quebra de relações primárias. As pessoas em nossa época sentem dificuldade com inter-relacionamentos. Parece que os encontros face a face, olho no olho causam medo, por isso oferecem maior resistência. Enquanto isso, as relações secundárias vão se instalando. Os contatos virtuais, a distância, estão à frente do contato com o real. Os encontros pessoais tendem a comprometer mais, por isso passaram a ser temidos e a oferecer mais riscos, do que apertar botões, olhar para uma tela de computador que não compromete pessoalmente. No contato olho no olho a pessoa passa a sentir-se confrontada e insegura, como se estivesse diante de um espelho. O(a) interlocutor(a) pode ser uma ameaça porque, de algum modo, espera uma resposta real e atual.

Acomodar-se à situação vigente, sem assumir a própria personalidade para não se comprometer e por julgar suas ideias inferiores, e que por isso não vale a pena lutar, é atitude alienada. A pessoa que não quer correr riscos escolhe a rotina, que é mais segura. Além disso, a falta de confiança nas próprias possibilidades, a insegurança e o medo, efeito da massificação, reforçam que permaneça na mesmice. Por outro lado, não se contentar em viver na mediocridade, lutar para dar sentido à vida, partilhar o conhecimento e a descoberta do significado do existir é o objetivo de uma pessoa amadurecida.

É necessário abrir-se para o novo, desacomodar-se, correr o risco de partir para a experiência. Richard Bach, em uma de suas obras[11], apresenta o protagonista Fernão, que se abre para uma experiência de descoberta, volta e partilha com o grupo, sendo provocação para o crescimento do bando. Sua atitude confirma que, como as gaivotas do texto, o ser humano é ser de relações, não só está no mundo, mas está com o mundo. Isto é, existe, interroga-se, questiona os fatos, denuncia, anuncia.

O sentido equivocado de liberdade tem contribuído para que muitas pessoas sejam escravizadas pela indisciplina, pela rebeldia. A oposição à autoridade ou rebeldia aparece como o anseio do ser humano para se autofirmar. A liberdade é um dos requisitos básicos para atingirmos nossa maturidade como pessoas. É proibido proibir, como dizia a canção, e o ser humano não se dá conta dos condicionamentos que lhe são impostos em nome da liberdade.

Há uma tendência de se confundir liberdade com permissividade ou com o rompimento de tabus. Roteiros são apresentados como alternativas inquestionáveis a ser seguidas por quem quer sentir-se livre. A submissão à moda, que nem sempre é fácil perceber, desde a escolha do vestuário, das utilidades domésticas,

[11] BACH, Richard, *Fernão Capelo Gaivota*.

dos móveis e outros objetos de consumo, é sutilmente acolhida como parte do desejo irrefutável do ser humano de ser aceito e acolhido pela sociedade.

Ser livre é ir além da conquista de privilégios, da imitação dos atos e dos gestos das celebridades ou da admiração de sua fortuna. É construção que acontece ao longo da vida, quando nos oferecemos condições de crescer, acreditamos em nossas potencialidades e deixamos que venham à tona e floresçam.

> As grandes decisões da vida libertarão as energias da liberdade e da fidelidade criativas, na medida em que se alcançar o nível de responsabilidade próprio de cada um, e que este for capaz de modelar e de criar, ao mesmo tempo, comprometendo-se com uma aliança para o bem comum dentro da visão de Deus.[12]

A liberdade é autêntica quando nos ajuda a descobrir nosso chamado à vida, dom de Deus para nós, e a sermos responsáveis como seres únicos, irrepetíveis, plenos de possibilidades. O dom, presente de Deus, é sinal de Sua presença em nós. Ao mesmo tempo, faz-nos perceber que o que nos mobiliza e nos questiona como seres livres e se torna desafio, quase uma ameaça, é o outro, de modo especial o **diferente**. Por isso, muitas vezes, tendemos a exclui-lo, a não nos inteirarmos de sua presença.

> A chegada do Outro deve despertar o amor. O amor será aceitação, abertura, e, portanto, leva a uma reconstrução da vida. Uma vez que se tem de abrir espaço para o Outro, tudo muda. O Outro incomoda necessariamente. Se não incomoda, é porque ainda não foi reconhecido e aceito tal como é.[13]

O chamado à liberdade tende a nos levar a "nadar contra a corrente", isto é, não nos deixando influenciar pelas opiniões alheias, tendo consciência de que somos nós que determinamos nosso destino, o caminho que queremos seguir. Ter liberdade é

---

[12] HAERING, Bernhard, *Livres e fiéis em Cristo,* p. 181-182.

[13] COMBLIN, José, *Vocação para a liberdade,* p. 244.

sermos sujeitos de nosso crescimento, protagonistas de nossa vida, muito mais do que escolhermos e exercermos uma profissão.

> Liberdade é buscar aquele "eu" que nunca se define por estados concretos limitados: o "eu" pode ser pai, marido, esposa, mãe, engenheiro, médica, campeão de vôlei, presidente de cooperativa. Tudo isso é necessário, mas não faz o "eu". Ele está além de tudo, ainda que tenha de passar por tudo isso sob pena de desaparecer.[14]

Em nossa sociedade, em nome da busca de liberdade, diariamente nos vemos diante de escolhas que, na verdade, não são nossas, outros escolheram por nós. Desde o mesmo modelo de roupa, o mesmo tipo de comida, os mesmos passeios. Tudo parece ter sido programado para nos levar a crer que estamos na moda e que a escolha é nossa. Quando repetimos fórmulas pré-concebidas ou modelos, sem questionarmos a verdade, deixamo-nos manipular pela opinião alheia. Em outras palavras, abrimos mão de um dos presentes preciosos que o Senhor nos oferece, o de sermos pessoas. No dizer do apóstolo Paulo: "É para a liberdade que Cristo nos libertou" (Gl 5,1).

> No entanto, o lazer também é programado. No início, a ruptura da disciplina do trabalho dá impressão de libertação. Depois, observa-se que o lazer tem as mesmas disciplinas: disciplina do turismo, do consumo programado pela publicidade, das modas, dos jogos, do esporte. Tudo é convenção, tudo é imposição. Todos devem seguir as modas. Todos devem comer pizzas e beber cerveja na mesma hora. Pode ser que no início sintam isso como ato de libertação. Depois, verão que é somente submeter-se a uma moda.[15]

Deus nos quer livres e está sempre disponível, a nossa espera, somos nós que precisamos querer estar com Ele. De nossa parte é importante escolhermos o lugar retirado, onde nada nos distraia, e o tempo necessário para podermos nos encontrar intimamente com o Senhor. "Iahweh espera a hora de poder

---

[14] COMBLIN, José, o. c., p. 240.

[15] Ibidem, p. 231.

mostrar-vos a sua graça [...] bem-aventurado todo aquele que n'Ele espera" (Is 30,18).

Servir com liberdade

O verdadeiro seguimento deve nos levar à fidelidade radical, mesmo quando, por ventura, leve ao sofrimento ou à dificuldade. É nesse momento que demonstramos nossa disposição de servir, de levar o Projeto de Deus adiante, tendo consciência de que esse chamado é para todos que querem assumir o seguimento como compromisso de vida.

> Só estamos comprometidos com a aliança quando nos achamos igualmente comprometidos com a liberdade de todos. Cristo nos chamou juntos na aliança para crescermos em corresponsabilidade e, mediante esta, em liberdade pessoal e social.[16]

Jesus em sua vida não se exibe, não se apropria das coisas ou das pessoas. Vive com o povo, come, caminha, chora a perda do amigo, abrindo mão de ser majestade. Sua identidade está no Pai. "Quem me vê, vê o Pai" (Jo 14,9). Sua vida é exemplo de radicalidade, na união com o Pai e na fidelidade à missão. Para segui-lo é preciso, antes de mais nada, conhecê-lo e amá-lo para assumir o compromisso de sua missão. Diferentemente da atitude do turista que visita, tira fotos, conversa com as pessoas, experimenta a comida, tendo como finalidade entrar mais em contato com o local em que se encontra, procurando conhecê-lo melhor. Nem sempre, porém, isso leva a um compromisso, antes representa apenas curiosidade.

Seguimento implica em sair de si e ir atrás do modelo, Jesus, deixando que nossa vida seja iluminada por ele. É mergulhar em sua vida para que nossos porões, os vales escuros de nossa história, sejam iluminados por ele. Seguimento é processo, começa pelos aspectos externos e, aos poucos, vai se aprofundando, até chegar à radicalidade na entrega total ao Pai. Precisamos nos

[16] HAERING, Bernhard, *Livres e fiéis em Cristo*, p. 76.

perguntar, com S. Inácio de Loyola, o que temos feito, o que fazemos e o que desejamos fazer nesse sentido.

> Imaginando Cristo, Nosso Senhor, diante de mim, na cruz, fazer um colóquio: Como de Criador se fez homem e como da vida eterna chegou à morte temporal e assim morreu por meus pecados. Igualmente, olhando para mim mesmo, perguntar **o que tenho feito por Cristo, o que faço por Cristo e o que devo fazer por Cristo.**[17]

O sentido do seguimento consiste em: **acolher** a proposta de Jesus: "Eu vim para que todos tenham vida" (Jo 10,10); **querer encontrá-lo,** como o Ressuscitado indica a Madalena: "Vai, porém, aos meus irmãos e dize-lhes: Subo a meu Pai e vosso Pai, ao meu Deus e vosso Deus" (Jo 20,17); e **ter certeza** de que ele caminha no meio de nós: "Eis que estou convosco todos os dias, até a consumação dos séculos" (Mt 28,20).

A liberdade de Jesus precisa ser entendida como vida em função das pessoas. Quem vive apenas para si, vive a própria solidão. A vida só tem sentido com relação aos outros, quando é comunicação. Em toda a sua vida, desde a Encarnação, passando pela Paixão e Morte, Jesus demonstra que é livre também para assumir com coragem a missão de resgatar a humanidade.

> Ter coragem não significa não ter medo, mas, apesar do medo, continuar fazendo o que precisa ser feito. [...] A coragem é uma atitude responsiva, não procura problemas, mas ajuda a defender, proteger ou resgatar quando alguém ou algo ameaça. A disposição de proteger torna-se uma virtude, quando aperfeiçoada pela prudência e solidariedade.[18]

Do latim *cor*, coração, coragem está ligada à humanidade, à maneira de ser gente, seja dos pais cuidando de seus filhos, seja do soldado defendendo seu país, de quem quer que seja defendendo a vida e colocando-se contra quaisquer formas de injustiça.

---

[17] LOYOLA, Inacio, o. c., n. 53, p. 35 (negrito da autora).

[18] KEENAN, J. F., o. c., p. 86.

A humildade, um dos frutos da liberdade

Humildade, do latim húmus, chão, significa ter os pés no chão, sem fugas para a fantasia, tendo equilíbrio entre o excesso e a escassez. Somos humildes ao termos consciência de nosso potencial, de nossas muitas qualidades, sem perder de vista que como criaturas não somos onipotentes. Agradecer, ao sermos cumprimentados, é atitude humilde diante de um elogio. Há pessoas que, ao ouvirem de alguém que estão bonitas, negam ou respondem como se quisessem desculpar-se. "Imagine, são seus olhos!" ou "Esta roupa é tão velha!"

Quem tem autoestima é, ao mesmo tempo, humilde, não se sente melhor do que ninguém nem pior, reconhece seus acertos e suas qualidades, sem negar nem exagerar os limites inerentes a toda criatura.

> A humildade perante Deus é louvor de sua misericórdia, fui erguido por Deus; eu pecador, fui erguido por Deus; em seu amor incompreensível, Deus desceu até mim. Assim, a humildade desvia nossos olhos de nosso estado de pecado para voltá-los para a bem-aventurada contemplação da bondade e da misericórdia de Deus. No "conhecimento" básico, que possibilita todo o nosso conhecimento moral e religioso, rejubilamo-nos de nossa total dependência de Deus. Dessa dependência total nasce a mais profunda e sublime liberdade. Vemos que a própria liberdade, e tudo o que temos e somos, vem de Deus, que nos convida a usar todas as coisas fiel e criativamente para a construção do seu Reino na terra.[19]

James Keenan conta que, certa vez, perguntou a seus alunos adolescentes sobre o significado de humildade.[20] Pediu ao grupo que imaginasse qual seria sua resposta se alguém os cumprimentasse pelo ótimo desempenho depois de um jogo. Um dos alunos imediatamente respondeu: "Ah, só tive sorte hoje. Eu não sou bom assim". Para frustração dos alunos, Keenan mostrou que aquilo não era humildade, era mentira. Outro aluno diria que o resultado do jogo não tinha sido seu mérito, porque todo o time era bom.

---

[19] HAERING, Bernhard, o. c., p. 193.

[20] KEENAN, J. F., o. c., p. 73.

Finalmente, Keenan afirmou aos alunos que a resposta humilde seria dizer apenas "obrigado".

Humildade nada mais é do que um grande amor à verdade. Você recebe um elogio por ter realizado um bom trabalho? Demonstre sua humildade, aceitando e agradecendo o elogio. Se, ao contrário, mesmo antes que alguém comente a esse respeito, percebe que falhou ou que poderia ter se empenhado melhor, não se culpe pelo resultado, nem fique se justificando. Reconheça o erro para poder corrigi-lo. Mas, acima de tudo, assuma a responsabilidade, porque tem a ver com resposta, foi você quem fez, não outra pessoa; não a culpe, e procure melhorar para as próximas vezes.

Igualmente a baixa autoestima de uma pessoa pode ser resultado de anos de pensamento negativo a seu respeito. Quem pensa mal de si mesmo, vendo-se uma pessoa inferior, pode ter recebido tantos maus-tratos, xingatórios, imprecações, que passou a acreditar em sua menos valia. Em uma família repressora, as crianças em geral não são estimuladas a fazer experiências, para poderem fazer escolhas. Apenas um modelo lhes havia sido apresentado. Dele não podem fugir enquanto não tomarem consciência de sua adequação para fazer escolhas livres e mudar o rumo de sua vida. É possível mudar um hábito já consolidado, desde que a decisão seja firme e tenha raízes sólidas.

Uma pessoa que não seja livre está constantemente precisando de disfarces, máscaras que escondam e, de certa forma, justifiquem seu modo de agir. Mark Baker,[21] psicoterapeuta americano, afirma que uma coisa é alguém não gostar do que fez ou ainda faz, outra muito diferente é não gostar de si mesmo, de seu jeito de ser. Alguém que tenha baixa autoestima pode usar o sucesso profissional e a riqueza para tentar compensar esse sentimento, procurando se autocondenar e tentando mostrar-se bom externamente, por acreditar que é mau por dentro.

---

[21] BAKER, M. W., *Jesus o maior psicólogo que já existiu*, p. 23.

Quem, por exemplo, dá-se conta que está acima do peso e precisa emagrecer, pode descobrir como primeiro passo a necessidade de honestamente balancear a alimentação. Somente constatar não basta. É preciso ter claro qual o caminho, a metodologia, os passos a seguir. Se perceber que precisa de aconselhamento profissional, deve consultar especialistas no assunto e, quem sabe, buscar ajuda em uma psicoterapia.

Muitas vezes, se tivermos atenção, vamos perceber pessoas conhecidas que nos sinalizam sobre algumas de nossas mudanças necessárias. Não quer dizer que sejam elas que decidem por nós, mas nos oferecem oportunidade para nos olharmos de modo mais aprofundado. Perceber o que é preciso reavaliar em nossa caminhada não significa que devemos nos culpar, como se tudo que fazemos esteja errado.

Por traz de todas as nossas escolhas há uma que é especial e que dá sentido à vida. Santa Teresa de Ávila referia-se ao único necessário que nos importa saber escolher, Deus, nossa opção fundamental.

> Que nada te perturbe, nada te amedronte. Tudo passa, só Deus nunca muda. A paciência tudo alcança. A quem tem Deus, nada falta. Só Deus basta.[22]

Em um mundo que valoriza o lucro, investindo na poupança, nosso desafio deve nos remeter ao compromisso da convivência solidária, da partilha e da busca de sentido, ponto fundamental da existência humana. É o que veremos a seguir.

---

[22] SANTA TERESA D'ÁVILA, in KIRVAN, John, *Nada te perturbe. Uma jornada ao centro da alma com Teresa d'Ávila,* p.6.

7

A DESCOBERTA DO SENTIDO

Autoimagem *versus* autoestima

Há pessoas que se acham feias, gordas, desajeitadas e coisas semelhantes porque seu "espelho interno" está mal ajustado, desfocado, como que para discordar do espelho externo. São pessoas condicionadas pelo negativismo. Sentem o mundo desconfortável, insípido, cruel, porque encontram toda essa carga negativa em si mesmas. Deixaram de lado a simplicidade de se permitirem fazer coisas engraçadas e rir de si mesmas.

A autoimagem distorcida leva a uma baixa autoestima, resultado de falta de afeto ou de proteção. Há pessoas que, ao experimentar esse tipo de carência, procuram supri-la com a alimentação, outras buscam no consumismo, comprando sem necessidade real, apenas para suprir a ausência de afeto. Acreditam, de modo equivocado, que encontrarão na comida ou nas roupas e outros objetos a resposta protetora para suas necessidades. Porém, quanto mais comem ou compram, mais se sentem presas a essa compulsão.

Apesar de todos os limites próprios de sua criaturidade, o ser humano é lindo, é a obra-prima da Criação, tanto que *Deus disse*: "Façamos o homem à nossa imagem, como nossa semelhança" (Gn 1,26). A consciência de ser **imagem e semelhança** do Criador pode ser o primeiro passo para alguém reformular sua autoimagem e, a partir disso, ter condições de viver sua autoestima de modo adequado. Apenas depois de criar o ser humano e contemplá-lo é que Deus exclamou que "era muito bom" (Gn 1,31).

As crianças aprendem a ter autoestima de acordo como são tratadas. Aqui vale lembrar que a autoestima, antes de ser um mecanismo pessoal, é aprendida, vem de fora. Nesse sentido, afirmamos que autoestima não é inata, mas se adquire. A criança aprende que é querida, bonita, inteligente e assim por diante, pelo que ouve dos pais e dos adultos com quem convive. Por outro lado, de tanto ouvir que é burra, feia, incompetente, que não sabe fazer nada certo e tantas outras afirmações desastrosas, passa a acreditar que ela é menos que as outras crianças.

> Se a criança percebe que seus pais a consideram por aquilo que aparenta, por aquilo em que é bem-sucedida ou por aquilo que evita, vai ficar presa em visões frustrantes, em uma vida igualmente frustrante. Na medida em que for amada incondicionalmente, vai perceber um valor real em si mesma, identificado com sua pessoa e não com sua aparência ou com suas realizações. Se perceber que existe apenas amor condicional, que é retirado quando não preenche as condições que lhe foram impostas, vai passar a se ver como uma pessoa sem valor. Vai se sentir usada. A resposta emocional a esse amor condicional vai ser, provavelmente, uma mistura de raiva, insegurança e uma forte necessidade de aprovação.[1]

A falta de afeto, de atenção, de permissão para fazer tentativas, é uma das razões para a baixa autoestima e para a autoimagem equivocada. Isso é levado para a vida adulta até o momento em que, muitas vezes depois de trilhar por um caminho espinhoso, chegue a tomar consciência de sua riqueza interior, ressignificando suas crenças e assumindo as rédeas de sua vida.

Da mesma forma há pais que por insegurança, temendo ser superados, desconsideram os desejos e mesmo o talento de seus filhos e filhas. Ora, desconhecem que faz parte da evolução natural que, a cada geração, há um avanço no crescimento, e que ser superados pelos filhos é uma das leis da vida, se não ainda viveríamos na idade das cavernas.

---

[1] POWELL, John, *Para viver em plenitude,* p. 65.

Afirmar que cada ser humano tem valor incondicional é incontestável. Mas quanto ainda precisamos de que alguém nos elogie, abrace-nos, convide-nos para algum passeio, para nos sentirmos pessoas importantes ou de valor! Ficamos à espera de uma confirmação externa de nossas qualidades, como se fosse um passe de entrada, do qual dependêssemos para a vida.

Todas as pessoas, você e eu também, são dotadas de inúmeros talentos e muita criatividade. Em vista do tipo de educação a qual são submetidas, muitos desses dons vão se diluindo ao longo dos anos, até que pouco reste. Há uma história sobre um garotinho que gostava muito de desenhar. No primeiro dia de aula na pré-escola, a professora disse aos alunos que naquele dia teriam aula de desenho. Entusiasmado, o menininho que costumava desenhar casas, montanhas, animais, flores, começou a separar os lápis de cor, mas foi impedido de continuar, porque a professora disse que o desenho seria de uma flor. Ficou contente com a ideia e passou a escolher os lápis: azul para a haste e folhas, amarelo para as pétalas, vermelho e marrom para... Mais uma vez foi interrompido pela professora. Segundo ela, todos deveriam prestar atenção ao modelo de flor que ela faria na lousa: haste verde e pétalas vermelhas. Mesmo sem entender bem o anúncio da professora, copiou o desenho da lousa.

Meses depois, uma nova professora, transferida para aquela classe, comunicou aos alunos que naquele dia começariam com uma aula de desenho. O garotinho, então, perguntou-lhe o que ela queria que desenhassem. Para sua surpresa, ouviu que cada um poderia escolher livremente. Pensou por uns instantes e, em seguida, desenhou uma flor de haste e folhas verdes e pétalas vermelhas. Sem perceber, o menino havia sido condicionado a apenas copiar o modelo que lhe era apresentado, sem permissão para ser espontâneo e criar.

Por outro lado, há pais e mães que reprimem seus filhos e filhas por temerem que eles e elas sejam "fúteis", descambem na vaidade exagerada, acabando por impedir-lhes de ser eles(as) mesmos(as), prejudicando seu crescimento saudável. Igualmente, pais superprotetores, que fazem pelas crianças o que elas podem fazer por si mesmas ou, temendo que se machuquem, não as deixam brincar ao ar livre; proibindo que se relacionem com as de sua idade, acabam sufocando-as e prejudicando seu desenvolvimento adequado. Passam-lhes uma mensagem subliminar, nem sempre verbal, de que são incompetentes, por isso precisam de vigilância constante.

Além disso, muitos desconhecem que um dos métodos de aprendizagem é por ensaio e erro. "Errando discitur", diziam os autores latinos, é errando que se aprende. Thomas Alva Edison, após mil novecentas e noventa e nove tentativas de fazer a primeira lâmpada elétrica, não desistiu. Ao contrário, concluiu que havia testado mil novecentas e noventa e nove maneiras de não realizar seu invento.

Se quisermos, de fato, amar alguém, em primeiro lugar precisamos nos conhecer (só se ama aquilo que se conhece) para amar-nos verdadeiramente. Só assim teremos condições de gastar algum tempo (gastar e não perder, porque será nossa escolha) para conhecer outras pessoas e amá-las. Antes de amarmos as pessoas, de nos relacionarmos com quem quer que seja, precisamos ter certeza de que nos amamos adequadamente, de modo a termos condições de vivenciar o amor em nossos relacionamentos.

> Quando amamos uma pessoa, amamos algo mais do que a pessoa. Amamos o segredo que ela esconde e revela. Por isso todo verdadeiro amor transcende a pessoa amada. A pessoa é ponte para o segredo que encarna, mas que também a ultrapassa. O amor só é feliz quando faz com que os dois que se amam caminhem juntos para a mesma direção, apontada pelo amor. Então caminham para Deus, como aquele inefável segredo latente em cada coisa que nos cerca.[2]

Temos autoestima quando nos identificamos como pessoas, sabemos reconhecer nossas habilidades, nosso valor e nos

---

[2] BOFF, L., *O destino do homem e do mundo*, p. 78-79.

alegramos com essa descoberta. Só assim poderemos identificar os seres humanos a nosso redor. O amor precisa direcionar-se primeiro para si mesmo, para dentro, para autenticamente poder se dirigir para fora, para alguém mais. Portanto, autoestima é uma necessidade interna.

Há quem confunda autoestima com vaidade, por isso se esconde na falsa modéstia e, pior ainda, acredita que essa é uma atitude humilde. Na verdade, autoestima e humildade são bastante próximas, ambas coincidem com a verdade e nos ensinam a sermos tratados como seres únicos. Podemos ser como somos, não precisamos ser cópias autenticadas de modelos, por melhores que sejam, que nos são impostos por quem quer que seja.

> Quando praticamos autoestima para conseguir o respeito de uma outra pessoa, na verdade, agimos de modo infantil, pretendendo nos convencer de que nosso valor reside em termos sido respeitados por outras pessoas. Não podemos adquirir autoestima se a procuramos em outro lugar. Quantas esposas têm sofrido humilhações ou agressões em um esforço para serem fiéis a maridos violentos? Quantos funcionários aceitam as explosões temperamentais de chefes destemperados e/ou imaturos pelo bem da firma? Quantos jovens internalizam, para o bem da família, que os pais têm o "direito" de preferir um filho ao outro?[3]

Podemos considerar Maria, mãe de Jesus, modelo de autoestima. Apenas questionou o Anjo na Anunciação, porque ficou intrigada com o que ele lhe falava e queria ter certeza de como aconteceria o que lhe anunciava. Ao visitar a prima Isabel, não se escondeu ou negou o cumprimento com que foi recebida, mas o acolheu na simplicidade de quem sabia que o Senhor era o autor de seus dons e somente a Ele cabiam as honras. As palavras que pronunciou refletiram a humildade de quem tinha assumido o compromisso com Deus, e que tinha como meta realizar Sua Vontade. "O Senhor fez em mim maravilhas, santo é Seu nome" (Lc 1,49).

---

[3] KEENAN, J., o. c., p. 73 (tradução da autora).

Muito cedo na infância, forma-se a autoimagem. Podemos dizer que tudo tem a ver com o que a criança recebe de amor, porque vem sempre associada às expressões de afeto, carinho que pais e outras pessoas de seu convívio lhe oferecem. Relendo a peça de teatro "Our Town",[4] de Thornton Wilder, encontramos Emily, a personagem principal, querendo a atenção da mãe e lhe perguntando insistentemente se a achava bonita. Sem interromper nem mesmo erguer o olhar do que estava fazendo – uma tremenda desconsideração – a resposta da mãe soou muito desanimadora para Emily. O que, de fato, a filha adolescente queria era sentir-se valorizada e confirmada quanto à possibilidade de ser querida e bonita o bastante para arrumar um namorado.

É evidente que a inadequação de alguns genitores não acontece apenas na literatura. Lembro-me de uma cena que assisti várias vezes em minha adolescência. Do outro lado da rua onde morávamos, em uma casa em diagonal a nossa, havia uma família abonada com dois filhos pequenos. À tardinha, logo que o pai estacionava em frente à casa, antes mesmo de entrar na garagem, os dois menininhos saiam à porta, aberta pela empregada, e ficavam à espera do pai. O mais velho, que devia ter entre quatro ou cinco anos, era o primeiro a se dirigir ao pai, sempre fazendo a mesma pergunta: "Papai, você gosta de mim?" Repetia várias vezes, enquanto tentava fazer-se notar, pulando e olhando para o pai, que continuava falando com a mãe ou, outras vezes, despedindo-se da pessoa que lhe dera carona.

Em nenhuma das ocasiões em que assisti a essa cena ouvi o pai respondendo ou fazendo algum gesto de carinho nem mesmo de atenção para aquele filho. Depois de tantos anos, desejo que aquelas duas crianças, hoje adultas, tenham crescido bem, assumido com autonomia a própria vida e podido restaurar aquilo que não foi bem construído em sua infância.

---

[4] WILDER, Thornton, *Our Town,* p. 39-40.

Da repressão à autonomia

A capacidade de fazer escolhas com critério, isto é, o que não nos prejudica, a curto, médio ou longo prazo e, a partir daí, tomar decisões, é parte da autonomia.

Em outros tempos, a imagem que se fazia da criança bem-educada era a daquela boazinha, meiga, nada questionadora e sempre pronta a atender sorridente aos mais velhos. Esse pequeno ser, a quem não sobrava espaço nem mesmo para conhecer os próprios desejos, normalmente carregava o peso das expectativas da família. Muitos pais ainda acreditam que, para garantir o sucesso dos filhos, precisam escolher e decidir por eles. Essa atitude é de falso amor. Nada mais inapropriado, porque leva em seu bojo o desejo de controlar, acreditando que os filhos são inadequados, incompetentes, incapazes, indecisos etc.

A criança aprende por isso a viver, a enxergar o mundo, a temer algumas coisas e a valorizar outras, pelo ponto de vista de seus pais. Aliás, tal processo de aprendizagem tem início no ventre materno. Todas as emoções da mãe, sua calma, alegria ou sua tristeza, angústia são captadas pelo feto que as assume como próprias.

Depois do nascimento, a criança continua sendo influenciada pelos adultos com quem tem contato, pais ou quaisquer outros. Sendo assim, pais autoritários, "donos da verdade", superprotetores ou inseguros tendem a impedir que os filhos cresçam, façam suas próprias experiências. Nesse modelo familiar, a criança não é estimulada a descobrir o mundo com seus recursos, alguém lhe apresenta pronto o "mapa", "É por aqui!" Normalmente, vem acompanhado de alguma afirmação: "Nós sabemos o que é melhor para você" ou "Só queremos seu bem". Esse comportamento, aparentemente, não tem maiores consequências. Na verdade, passa uma mensagem à criança de que ela não tem condições de decidir e, o que é pior, impede-a de conquistar a autonomia.

Uma história contada por Ken Robinson[5] ilustra bem a permissão de uma criança expressar autonomia de maneira muito confiante. Em uma aula para crianças de 6 anos do ensino fundamental, a professora ensinava desenho. Sentada em uma carteira no fundo da sala, uma garotinha que não se interessava pelas outras aulas, mas que gostava de desenho, inteiramente atenta há mais de vinte minutos, desenhava. Curiosa, a professora perguntou-lhe sobre o que desenhava. Ao que a menininha respondeu que era um retrato de Deus. Diante da afirmação da professora de que ninguém sabia como é Deus, respondeu, sem se perturbar, que qualquer pessoa ficaria sabendo como é Deus, tão logo visse seu desenho.

É na infância que são lançadas as bases da Autonomia. O exercício da livre escolha é fundamental.

> A criança manifesta a tendência inata para afirmar seu eu e sua vontade própria. Isto tem de ser visto na perspectiva da vocação individual para viver sua própria vida, para agir de acordo com sua consciência.[6]

O ser humano aprende por ensaio e erro. Observa, atua, erra, volta a fazer a experiência por outro caminho, nas várias tentativas de acertar. Recordando mais uma vez o ditado latino: *errando discitur*, errando é que se aprende. É preciso experiência para aprender. Muitos jovens ficam perplexos – e não é para menos – diante da necessidade de experiência prévia ao se inscreverem para o primeiro trabalho. Como alguém pode ter experiência sem antes ter trabalhado?

Uma pessoa reprimida tem dificuldade para viver suas emoções porque, em geral, não aprendeu a se dar permissão para entrar em contato com o que está sentindo. Quanto mais puder aprofundar sua percepção, mais será ela mesma, sendo capaz de tornar-se plena. Seu potencial já existe hoje e está à espera de que o encontre.

---

[5] ROBINSON, Ken, *O elemento-chave,* p. 11.

[6] HAERING, Bernhard, o. c., p. 162.

Cabe à família ajudar filhos e filhas a descobrirem seus talentos e a exercitá-los, de modo que se desenvolvam e tenham condições de fazer as próprias escolhas. Isso não significa soltá-los para fazer tudo o que querem sem critério. Pais firmes e, ao mesmo tempo, acolhedores e nutritivos tendem a transmitir segurança aos filhos, permitindo que amadureçam e cresçam saudáveis. É no confronto com a autonomia das outras pessoas que a criança aprende a trabalhar sua vontade.

> Aprender o que diz respeito a esta mutualidade e aceitá-lo constituem uma das grandes tarefas da vida. A autonomia própria deixa de ter valor se a autonomia do outro não for reconhecida e respeitada. Os pais cometem grande erro quando tentam quebrar a vontade da criança em vez de ajudá-la a compreender essa interação. O "atrás", o escuro continente do pequeno ser, é frequentemente o palco de uma penosa experiência de invasão por parte daqueles que negam à criança o uso de sua própria vontade. Se a vergonha e a dúvida forem as experiências dominantes nesta fase, elas bloquearão grandemente o desenvolvimento da liberdade.[7]

Falar em autonomia é o mesmo que pensar em mudança de paradigmas. É termos permissão para nos conhecer e aprender a fazer escolhas. Ao mesmo tempo em que nos voltamos a nós mesmos e nos conhecemos, temos condições de apropriar-nos de nossas potencialidades e tomar as rédeas da própria vida.

Para passarmos de um regime de repressão para uma vida de autonomia são necessários três elementos fundamentais.

O primeiro deles: **Consciência** do que acontece em nós, para perceber as reações internas ou, como dizia Fritz Perls, as vivências "da pele para dentro": a respiração, a temperatura do corpo, os pensamentos, as emoções etc. Só quem entra em contato com essas vivências terá possibilidade de abrir-se para o mundo, para tudo que há a seu redor. Quando lembramos de algo acontecido ou imaginamos como será alguma coisa ainda não terminada, tanto o passado como o futuro existem dentro do presente. O primeiro

---

[7] HAERING, Bernhard, o. c., p. 162.

passo para que haja a necessária integração da personalidade é a tomada de consciência.

Enquanto nos ocupamos com um pensamento ou uma imagem, temos menos percepção de nossa realidade interna, aquilo que está para dentro de nossa pele, assim como da externa, o que acontece a nossa volta. Portanto, a vida tenderá a ser mais simples – e por que não dizermos prazerosa –, à medida que sabemos reconhecer as fantasias e diferenciá-las da experiência de realidade. Apenas quando assumimos a fantasia com consciência integrada na realidade ela pode ser útil.

Para Stevens[8], a única diferença entre um médico-feiticeiro e um cientista é que o primeiro confunde sua fantasia com a realidade e inventa explicações intermináveis quando as duas não combinam. Enquanto o cientista sabe que suas fantasias são suposições e não exige que sejam provadas como verdadeiras.

A cada coisa que evitamos, fugindo pela fantasia, tornamo-nos como que mortos, menos em contato conosco e com o ambiente, ao mesmo tempo em que também diminui nosso prazer de viver. A alienação da consciência pode ser evitada quando nos reconhecemos e nos identificamos como "este(a) sou eu". A partir daí vamos descobrindo o sentido de nossa vida.

> Não há sentido apenas no gozo da vida, que permite à pessoa realizar valores na experiência do que é belo, na experiência da arte ou da natureza. Também há sentido naquela vida que – como no campo de concentração – dificilmente oferece uma chance de se realizar criativamente e, em termos de experiência, mas que lhe reserva apenas uma possibilidade de configurar o sentido a existência, e que consiste precisamente na atitude com que a pessoa se coloca face à restrição forçada de fora sobre seu ser.[9]

Alcançamos maior equilíbrio ao assumirmos a responsabilidade por aquilo que é nosso, que está em nós, nossas qualidades e eventuais problemas, aprendendo a lidar com eles e parando de

[8] STEVENS, J. O., *Tornar-se Presente,* p. 55.

[9] FRANKL, Viktor, *Em busca de sentido*, p. 67.

culpar outras pessoas por nossas dificuldades. Grande parte da humanidade conserva, desde a infância, boa dose de vivências mal resolvidas com pais, professores e outros, e que acabam comprometendo as relações interpessoais subsequentes.

O próximo passo, após identificar o que sentimos, será poder sentir e expressar as emoções, alegria, tristeza ou quaisquer outras, com **Espontaneidade ou Liberdade**. Os sentimentos não identificados e, por isso não expressos, são canalizados para algum órgão do corpo onde se instalam e explodem, causando sérios transtornos. É o caso das doenças psicossomáticas. Uma pessoa, que não se sente em condições ou não tem permissão para viver livremente suas emoções, demonstra não ter consciência de seu todo e vive de modo fragmentado. É conhecido e valorizado apenas o aparente, o externo.

O caminho aberto pela consciência e seguido pela espontaneidade leva à **Intimidade,** que é o momento da partilha profunda e recíproca, em nível de igualdade, com outra pessoa ou grupo.

> A meta principal dos relacionamentos é a experiência de maior valor, a da Intimidade, oportunidade de encontro satisfatório de confidências e sinais de carinho.[10]

Não só adolescentes, mas muitos adultos, por acreditarem que se forem sinceros serão rejeitados, utilizam-se de alguns mecanismos, como simulações, segredos, disfarces, para compensar seu sentimento de menos valia. Alguém, que não querendo revelar sua origem humilde, sua pouca escolaridade, algum sentimento de inferioridade ou quaisquer outras situações tidas como desagradáveis, use disfarces ou simulações tão frequentes, pode passar a confundir sua fantasia com a realidade. Cada pessoa tem o direito de ter sua privacidade ou intimidade respeitada.

> O jovem adulto, que não atingiu autêntica identidade, receia sempre perder a sua especificidade, por isso não se acha apto para entrar

---

[10] LACERDA, M. P., *Paixão pela Vida, dos valores ao valor*, p. 190.

> numa aliança como a amizade ou o casamento. Tende a retirar-se para relacionamentos altamente estereotipados e formais, em que faltam espontaneidade e criatividade reais.[11]

Uma coisa, entretanto, é escolher com quem queremos ser "um livro aberto", partilhar nossa intimidade; outra, muito diferente, é compensar-nos com disfarces, fantasias ou simulações, acabando por perder o senso do real.

> Em uma solução bem-sucedida da crise de identidade, a pessoa compreende que pode dar-se ao outro sem perder o que é em si mesma: essa autocompreensão vem com a autotranscendência. Sua própria identidade suficiente permite a mutualidade e, desse modo, o outro é encarado como dom. [...] O autocompromisso de alguém bastante forte, para comprometer-se não só com causas boas, mas também com pessoas, garante a identidade, a liberdade básica e a fidelidade criativa na intimidade compartilhada.[12]

Um conto da mitologia grega pode ser útil para exemplificarmos melhor a questão da autonomia. Dâmocles era conselheiro da corte do rei Dionísio de Siracusa, a quem invejava. O rei, bastante irritado com alguns dos seus comentários invejosos de que tinha notícia, propôs-lhe que por uma única noite ocupasse seu lugar como rei. Dâmocles aceitou a oferta e, imediatamente, foi levado ao palácio, onde os criados do rei lhe puseram a coroa real sobre a cabeça. Sentou-se à mesa, recostado em almofadas macias, e um magnífico banquete lhe foi servido. Sentia-se o homem mais feliz do mundo, ocupando o lugar do rei e sendo servido e homenageado como tal. Em meio a tanta euforia, alertado a olhar para o alto, ficou aterrorizado ao ver uma espada apontada para sua cabeça, presa ao teto por uma linha fina. Seu primeiro pensamento foi fugir, mas teve medo de que o fio se rompesse e a espada caísse sobre ele. Dionísio, observando o que acontecia, explicou a Dâmocles que via aquela espada todo dia sobre sua

[11] HAERING, Bernhard, o. c., p. 166.

[12] Ibidem, p. 166.

cabeça, simbolizada pelas críticas ou insatisfações de seus súditos, sabendo que a qualquer momento o fio poderia romper-se, pois situações de risco poderiam ocorrer. Ser rei, disse, implicava em aceitá-las. Até o fim de sua vida, Dâmocles nunca mais voltou a desejar ocupar o lugar do rei.

De modo análogo, uma pessoa reprimida, acostumada a que decidam por ela, tem dificuldade de exercer a autonomia. Ou seja, de tomar **Consciência** de suas emoções e de seu potencial, de expressá-los com **Espontaneidade** e de permitir-se a **Intimidade** na partilha mais profunda de confidências e amizade. Estará sempre à espera de que escolham por ela e lhe digam o que fazer. Em outras palavras, de modo equivocado, acredita ser menos que as outras pessoas, não ter condições de decidir e só poder viver se alguém lhe der permissão para tal.

Motivação para a vida

Ao contemplarmos a criação, que continua acontecendo – pois não é um fato acabado –, descobrimos o sentido de nossa vida, do trabalho, do lazer, das catástrofes etc., o qual expressa nossa integralidade. Por isso é necessário que tenhamos o cuidado de sair da passividade para podermos encontrar nosso caminho. A resposta à pergunta "quem sou eu?" tende a levar-nos a descobrir que o ter e o fazer não são mais importantes que o ser, embora ajudem a lhe dar sustentação.

Somos criados também para testemunhar e acolher a criação, obra de Deus que se realiza em nós e a nosso redor. Todos os dons, os bens que existem, são para os seres humanos para que vivam em harmonia. "Eu vim para que todos tenham vida e a tenham em abundância" (Jo 10,10). À medida que olhamos para a natureza e nos encantamos com todas as coisas criadas, podemos perceber como Deus se apresenta em Sua criação.

> Não se deveria procurar um sentido abstrato da vida. Cada qual tem sua própria vocação ou missão específica na vida; cada um precisa executar uma tarefa concreta, que está a exigir realização. Nisto a pessoa não pode ser substituída, nem pode sua vida ser repetida. Assim, a tarefa de cada um é tão singular como a sua oportunidade específica de levá-la a cabo.[13]

A busca de nós mesmos é uma de nossas características essenciais. Nosso maior desafio é conhecer-nos para crescermos sempre mais. É o que há de mais humano no ser humano. Nenhum animal, por mais evoluído que seja, como as abelhas, as formigas ou os chimpanzés, é capaz de levantar o problema do sentido de sua vida. Apenas o ser humano pode chegar a tal consciência. E esse é um projeto individual já que só nós podemos viver e atingir o protagonismo de nossa vida. Nesse caso, é necessário ter uma meta, ter claro qual o ponto que pretendemos alcançar. Pois, como dizem os bons navegadores, nenhum vento é favorável para quem não sabe aonde quer chegar.

> Ninguém consegue ter consciência plena da essência última de outro ser humano sem amá-lo. Por seu amor, a pessoa se torna capaz de ver os traços característicos e as feições essenciais de seu amado; mais ainda, ela vê o que está potencialmente contido neles, aquilo que ainda não está, mas deveria ser realizado. Além disso, através de seu amor, a pessoa que ama capacita a pessoa amada a realizar estas potencialidades.[14]

À medida que nos lançamos com determinação, desejando viver plenamente cada etapa que se nos apresenta, vamos encontrando o sentido daquele momento. É em contato com o presente, com nossas realizações no dia a dia, que descobrimos como vale a pena fazer parte da vida.

Até mesmo sofrendo, em situações sem esperança, podemos descobrir um sentido na vida. Porém, embora possível, o sofrimento pelo sofrimento seria masoquismo, de modo algum necessário para encontrarmos sentido.

---

[13] FRANKL, V., *Em busca de sentido,* p. 98.

[14] FRANKL, V. *Em busca de sentido*, p. 100.

> Existem situações em que se está impedido de trabalhar ou de gozar a vida; o que, porém, jamais pode ser excluído é a inevitabilidade do sofrimento. Ao aceitar esse desafio de sofrer com bravura, a vida recebe incentivo até seu derradeiro instante, mantendo esse sentido literalmente até o fim. Em outras palavras, o sentido da vida é um sentido incondicional, por incluir até o sentido potencial do sofrimento inevitável.[15]

Depois de ter vivido os horrores do encarceramento nos campos de concentração nazistas e ali ter percebido quanto fazia diferença na sobrevivência dos presos a crença em algo de maior para suas vidas, Viktor Frankl assumiu um enfoque humanista-existencialista em suas colocações. Segundo ele, o ímpeto para a transcendência é algo que nos diferencia de todas as demais criaturas, as do reino mineral, vegetal e animal. Porque a meta comum das pessoas humanas é muito superior à de todas elas.

Em nenhum momento deixamos as outras duas dimensões (corporal e mental), mas, como Frankl afirma, a essência de nossa existência está na dimensão espiritual. Assim, a existência propriamente humana é existência espiritual. Neste sentido, a dimensão noética é considerada superior às demais, sendo também mais compreensiva, porque inclui as dimensões inferiores, sem negá-las. Podemos falar mesmo de autotranscendência, movimento interno automático e inconsciente que nos arranca da rotina e nos faz desejar sempre o melhor, por toda a vida. Essa tendência continua presente, tirando-nos da acomodação e nos lançando para a dimensão do infinito.

A experiência humana, para Frankl, está essencialmente orientada para além de si mesma, para algo ou alguém a quem amar – ser humano ou Deus mesmo – ou a uma obra à qual deseja se dedicar. É fundamental haver um propósito, um objetivo, uma meta bastante grandes que se tornem o foco empolgante de sua atenção. Falar de existência, em sua dimensão espiritual, é falar sobretudo do “ser-responsável” e do “ser humano consciente de

---

[15]. Ibidem, p. 102.

sua responsabilidade". Trata-se não da **liberdade de** condições biológicas, psicológicas e sociais – a que todo homem está submetido –, mas da **liberdade para** uma tomada de posição diante de todas as circunstâncias, cotidianas ou excepcionais. O ser humano sempre estará exposto a estímulos e determinações ambientais de diversas ordens, mas essa liberdade refere-se à maneira criativa e própria de cada indivíduo, expressa no momento em que *responde* a eles.

Nos campos de concentração nazistas, nos quais Frankl foi prisioneiro, cada pessoa posicionava-se de uma maneira diferente: havia quem se jogasse nas cercas eletrificadas, outro se deixava levar pela impotência e, deprimido, adoecia mais facilmente, outro ainda decidia resistir até o fim porque tinha a esperança de que algo o esperava ao sair dali – uma pessoa a amar, uma obra a realizar, um Deus a quem servir. Nessa liberdade de resposta, aqueles prisioneiros colocavam-se diante das situações, conferindo sempre a elas um sentido, um motivo ou uma razão pela qual valesse a pena continuar vivendo. A dimensão espiritual mostra-se, portanto, como uma dimensão não determinada, mas determinante da existência.

> A busca do sentido maior requer uma procura constante, na qual faz muita diferença o que decidimos fazer e o que recusamos [16].

Existe em cada ser humano uma tendência natural e primitiva de ser algo a mais do que atualmente somos. Não nos contentamos em seguir padrões estereotipados, mesmo com a naturalidade com que devemos nascer, viver e morrer. Cansamo-nos com o lugar-comum de nossas atividades, justamente por serem tão previsíveis. Queremos algo de novo, de original, de diferente, de transcendente. Algo que não só nos distraia, como os hobbies, mas que principalmente nos ajude a sair da mesmice, eleve-nos acima da vulgaridade e da banalidade, que expresse por meio de

[16] FABRY, J. B., *A busca do significado*, p. 58.

nós e de maneira original a sabedoria milenar da humanidade. Seria esse nosso modo pessoal de estabelecermos o encontro com a divindade.

Albert Einstein dizia que somos religiosos quando encontramos a resposta para a questão do sentido da vida. Isso ocorre porque o Espírito do Senhor clama por nós e nos encaminha para o melhor. Aí reside a gratuidade eterna de Deus que nada abala, que não fraqueja, que nos ama tanto e habita em nós.

> A convicção de que existe algo superior à existência humana foi expressada de diversas formas, desde a observação de Nietzsche de que o homem deve superar-se a si mesmo e esforçar-se para chegar ao super-homem, até a insistência de Tillich e Barth de que o homem não é a base de seu ser.[17]

Por meio de sua experiência clínica, Frankl convenceu-se de que a existência humana está direcionada para um sentido, não importando quão diminuta seja sua consciência a respeito. Como seres únicos nos deparamos ao longo de nossa vida com experiências também únicas que nos apontam um sentido específico em potencial. Ter uma vida significativa é saber responder com qualidade a todas as oportunidades que se nos apresentam. Verdade que, a partir de seu próprio ponto de referência, o ser humano igualmente pode chegar ao sentido de sua vida. Vale lembrar que o importante para tanto é que ele se torne consciente de sua liberdade, seja responsável por fazer aquilo que nenhuma outra pessoa fará por ele. Em suma, ninguém pode transferir para quem quer que seja a responsabilidade de fazer suas escolhas e viver sua própria vida.

Desde que nasce, a criança tem necessidade de contato com outras pessoas para poder crescer saudável. Nesse sentido, receber atenção pessoal, estímulo e amor, o mesmo que dizer ter colo, ser tocada, é tão importante quanto ser bem alimentada, cuidada dentro dos padrões de puericultura, nutrição e higiene.

---

[17] Ibidem, p. 59.

É alarmante o número de crianças que tem seu desenvolvimento físico e mental comprometido ou chegam a morrer em ambientes até bem equipados, sofisticados, mas onde não recebem afeto.

Não é surpresa que crianças que não foram estimuladas pessoalmente, quando chegam à idade adulta tenham dificuldade de interagir com outras pessoas. Enquanto aquelas que foram criadas com amor e atenção, sentem-se à vontade com o convívio e com o relacionamento interpessoal. Só tem condições de se comprometer com alguém, quem, em primeiro lugar, vive o compromisso consigo mesmo. Porque, como se costuma dizer, ninguém pode dar aquilo que não tem.

Para muitos seres humanos a meta a ser atingida em termos de realização pessoal é ter uma carreira de sucesso, o que em outras palavras pode significar ter muito dinheiro. O que de fato constatamos é que ter riqueza, prestígio ou uma vida sexual bastante ativa, nem sempre representa o resultado de uma vida plena. Ao contrário, quantos bilionários de que temos notícia levaram uma vida vazia de significado.

A falta de motivação para a vida tende a desencadear forte sentimento de inutilidade, que conduz à solidão, ao vazio, ao tédio e inúmeras vezes à perda da identidade; tem procurado impor-se e facilitado uma atitude de descrença da vida para algumas pessoas, como o pessimismo de alguns filósofos existencialistas, por exemplo Heidegger, para quem o ser humano não passava de um "ser para a morte", ou Sartre que considerava a vida como "paixão inútil".

> As pessoas plenas encontram satisfação em situações que outros consideram uma obrigação ou um dever enfadonho. Elas não *têm de*; elas *querem*. Estão cientes dos espinhos, mas concentram-se nas rosas. Cada dia traz-lhes um aspecto novo; seus dias não são cópias-carbono de ontem. Ninguém (incluindo elas próprias) é hoje a pessoa que foi ontem. Como sua visão é sempre experimental e aberta à modificação, esperam ansiosamente por novos insights. Estes irão renová-las e à sua visão da realidade.[18]

[18] POWELL, John, *Para viver em plenitude*, p. 57.

Em muitas ocasiões temos a impressão de que em nosso mundo a escuridão predomina, a dor é mais visível do que a alegria. Como mudar esse quadro aterrador é a pergunta que fazemos. Como deixar que a luz tome conta das trevas. Esse é o desejo do Criador: "Haja luz", e houve luz" (Gn 1,3). O ser humano está direcionado para Deus, mesmo que nem sempre isso lhe seja consciente. Porém, como afirma Karl Rahner, o esquecimento de Deus tem se tornado o maior problema para nossos dias.

Sentimos mais do que cansaço e desencanto. A impotência nos invade, paralisa-nos e nos tenta a desistir, levando-nos a esconder a cabeça na areia como avestruzes inúteis. Desejamos que nos apreciem, admirem e elogiem, porque precisamos continuar no centro das atenções, como quem vive a imaturidade da infância. "Falem mal, mas falem de mim", revela o desejo infantil de quem precisa da avaliação externa, porque ainda não se permitiu olhar dentro de si mesmo para se conhecer. Com frequência a decepção costuma ser o resultado dessa expectativa.

Esperamos sempre além do que alguém pode nos oferecer. Queremos que nos amem, acolham, aceitem incondicionalmente. Essa exigência traz embutido um grande risco, porque toda pessoa é decepcionante, até você e eu, por uma simples razão: ninguém é perfeito. Como criaturas temos muitas qualidades, mas estamos longe da perfeição.

Podemos seguir em frente nos queixando da falta de espaço para nossas realizações ou que as pessoas a nossa volta não nos entendem. Outro caminho é atribuirmos à sorte ou ao azar nossos resultados insatisfatórios. Ou, tomando rumo diferente, podemos admitir que ninguém tem condições de preencher nossas lacunas, de nos conhecer tão intimamente a ponto de satisfazer nossos mais profundos desejos, e que sorte e azar somos nós que construímos. É muito importante a constatação de que todas as pessoas, até as que mais amamos e nos amam, são imperfeitas. Como obra de arte precisam de retoques, porque ainda não estão prontas.

Gordon Parks, fotógrafo, primeiro diretor negro de filmes em Hollywood, conta que, entre os vários desafios que viveu, foi desencorajado por uma professora a concluir os estudos. Segundo ela, Parks e os outros na mesma situação dele, não passariam de carregadores ou faxineiros, por isso, concluir o ensino médio seria perda de tempo. Entretanto, Parks não se intimidou com a avaliação da professora e usou sua inteligência de modo brilhante. Como autodidata aprendeu a tocar piano, a fotografar e, como resultado de sua observação e criatividade, também aprendeu sobre cinema e língua inglesa.

O pedagogo e contador de histórias Roberto Carlos Ramos[19], ex-interno da Febem, aos nove anos recebeu o diagnóstico inadequado de "irrecuperável" quando, na verdade, era uma criança hiperativa. Após ter conhecido a pedagoga francesa Margherit Duvas, que o ajudou a entrar em contato com suas potencialidades e a descobrir motivação para viver, teve sua história de vida inteiramente modificada.

Você pode lembrar-se de tantas outras pessoas que não se acomodaram diante de alguns entraves e se mobilizaram, dando-se oportunidade de descobrir suas motivações para ir ao encontro de seu verdadeiro ser.

Desde criança sempre tive fascinação por circo. Ficava encantada com o ambiente que para mim era uma grande festa. Pessoas sorridentes, dentro de roupas coloridas e brilhantes, balançavam-se nos trapézios, saltavam, usavam malabares, além dos palhaços, da música e dos animais trazidos dentro de jaulas. Acima de tudo, o que me fazia quase prender a respiração e ficar atenta sem piscar era o *Globo da Morte* que, apesar do nome, sempre foi para mim uma experiência de vida. Mais do que o desafio do perigo, chamava-me a atenção a sincronia entre os dois motociclistas, como se até respirassem no mesmo ritmo. Arriscavam-se, vivendo aquele momento de inteira partilha, porque sabiam poder confiar

---

[19] RAMOS, Roberto Carlos, *A arte de construir cidadãos*.

um no outro, sem precisarem ficar no controle, competindo, mas sendo parceiros.

> A vida é essencialmente relação a algo, e toda relação implica transcendência, um remeter a além de si, por parte daquilo que está relacionado.[20]

Assim também acontece em nossa vida. Crescemos em nossa motivação à medida que vivemos a solidariedade. Da mesma forma que o pecado, por mais escondido e solitário que aconteça, sempre social, e de repercussão muito abrangente, o dom da vida só faz sentido quando é partilhado.

Ao falar sobre a experiência de transformação que aquele ambiente no campo de concentração provoca na pessoa, Frankl assegura que, de forma análoga, tudo na vida revela ser o resultado de uma decisão interior. Isso significa que o sentido da vida que vamos descobrindo ou não, depende do empenho pessoal que assumimos diante dos estímulos, positivos ou negativos, vindos de fora sobre nós.

> Em princípio, portanto, toda pessoa, mesmo sob aquelas circunstâncias, pode decidir de alguma maneira no que ela acabará sendo, em sentido espiritual: um típico prisioneiro de campo de concentração, ou então, uma pessoa humana, que também ali permanece sendo ser humano e conserva sua dignidade.[21]

Crescendo na fé

Ao falarmos de crescimento na fé não queremos prescindir da Graça. Repetindo o que a Teologia propõe, **a Graça supõe a natureza,** isto é, quanto mais integrada estiver a pessoa, tanto mais será capaz de viver uma fé amadurecida. A experiência da fé não começa necessariamente pelas verdades que professamos no Credo.

---

[20] JONAS, Hans, *O princípio vida,* p. 17.

[21] FRANKL, Viktor, *Em busca de sentido,* p. 67.

> A parte de Deus é, portanto, adiantar-se ao encontro do homem, como o mais capaz, o mais rico, o mais forte, o mais amoroso, o mais responsável. Ele espera do homem a correspondência, a resposta, a aproximação: tudo isto pode estar matizado desde as cores mais opacas até as mais esperançosas e prontas. Assim, a primeira resposta humana é quase sempre tirar os impedimentos ao diálogo vivencial da fé: são os problemas das mais variadas espécies. Depois, desimpedido, buscar o encontro com Deus, encontro gradativo, busca muitas vezes penosa de uma vida inteira, até o **encontro definitivo** da visão beatífica no céu.[22]

Há um paralelismo, segundo Hans Jonas, entre o crescimento humano e o crescimento na fé, embora não correspondendo necessariamente às idades cronológicas. Desde a mais tenra infância, a criança vive experiências de fé que lhe chegam como certeza de poder confiar na mãe que a alimenta ou no pai que, dentro da piscina, incentiva-a a pular na água. Vários atos de fé vão se repetindo ao longo da vida. Ainda na infância, começando a ser alfabetizada, a criança acredita que a professora ou a pessoa que a ensina a ler é confiável. Aos poucos, vai descobrindo que pode confiar em outras pessoas ou situações: a certeza de que o motorista do ônibus vai parar ao sinal dado, de que o caixa do supermercado dará o troco certo, de que pode escolher o pacote de açúcar sem precisar abri-lo para experimentar e ter certeza de que não se trata de outro material, assim por diante.

De acordo com a Psicologia do Desenvolvimento, na **infância** a criança, como está centrada no "eu", tem seu foco de interesse em tudo que faça referência a ela. "Meu pai é mais forte que o seu", "minha mãe é mais bonita que a sua" etc. Do mesmo modo que continua voltada para suas coisas, seu empenho é o de preencher seus desejos tendo como base a sensibilidade, "gosto disso, não gosto daquilo". Como tudo na vida, é processo, a fé vai acontecendo aos poucos como fé infantil, até chegar ao estágio do "salto no escuro" ou, como diz Santo Inácio de Loyola, o "deixar-se conduzir". A experiência da fé e da vida é pessoal. Somente cada pessoa

[22] LACERDA, M. P. de, *O processo humano e o crescimento na fé,* apostila, 2000, p. 10.

pode viver a própria vida, sem possibilidade de passar procuração a alguém para que a substitua nessa tarefa.

O relacionamento com Deus nesse estágio, então, torna-se difícil em vista das muitas imagens infantis que vão sendo formadas dele. Ora é a projeção do pai real que amamos, mas, ao mesmo tempo, tememos; ora a figura do Deus-comerciante com quem negociamos nossas necessidades e nossos desejos em troca de algumas orações no sentido de direcioná-lo a nosso favor. E, como na transação comercial, reclamamos nossos direitos quando a "mercadoria" não é entregue no prazo combinado ou quando há alguma "falha", e exigimos a devolução do que "foi pago".

Assim também quando achamos que nossa oração não foi atendida. Deus, então, é igualmente visto como o bicho-papão ou alguma figura fantasmagórica, sempre pronto para aterrorizar, ou como o mágico a realizar proezas mirabolantes para satisfazer nossa curiosidade e alegrar nosso mundo infantil. Do mesmo modo, os santos são vistos como aliados, que podem nos livrar de dificuldades e conseguir algum benefício em nosso favor, não como modelos de amor a Deus e de virtudes, a serem imitados.

Desde o nascimento até os primeiros meses de vida, o nenê vive uma relação simbiótica com a mãe, isto é, depende dela para tudo. Essa dependência, que não é consciente, é responsável por sua subsistência e segurança. O amadurecimento físico, mental e emocional da criança facilita a integração de seu eu e seu inter-relacionamento com as outras pessoas. A individuação é o processo que caracteriza tanto o desenvolvimento individual de cada ser humano como o da humanidade.

> O processo de individuação em nível pessoal é, pois, o progressivo desvencilhamento dos vínculos que ligam a criança ao mundo externo. A identidade é um estado em que o indivíduo se percebe como um ser independente e separado dos demais. É um estado de liberdade no qual cabe ao indivíduo dar direção e sentido a sua existência, de maneira a desenvolver mais plenamente suas potencialidades. O processo de individuação é, pois, a conquista progressiva da identidade.[23]

[23] LIBÂNIO, J. B., *Formação da Consciência Crítica*, p. 26-27.

Anthony de Mello conta em um de seus livros[24] sobre uma jovem mãe que perguntou a um Mestre quando deveria começar a educação de sua filha. Ao saber que a menina tinha cinco anos, o Mestre respondeu que a mãe deveria correr para casa, pois já estava cinco anos atrasada para começar a educá-la.

A criança tem necessidade de pais ou de outros adultos que supram sua falta de autonomia e organizem seu mundo e sua interação com ele. É nessa fase que ela aprende sobre a vida e a viver. Enquanto brinca, usa de fantasia, explora e experimenta. Cabe aos pais ficar atentos sem, contudo, impedir que ela faça suas próprias experiências, nem tentando protegê-la em excesso por temerem que ela possa sofrer. Mesmo sabendo que a criança depende dos pais ou dos adultos com quem convive, não convém que decidam tudo por ela, escolhendo os caminhos que ela deve seguir, nem que se apresentem como os únicos modelos a ser imitados. Ao contrário, a criança deve ser incentivada por eles a ir pouco a pouco crescendo na autonomia.

Enganam-se os pais que querem fazer tudo pelos filhos pensando que os ajudam. Ao contrário, como tratamos anteriormente, a superproteção tende a causar mais danos do que benefícios. Os pais precisam dar-se conta de que a brincadeira contribui para o desenvolvimento da criatividade da criança, e deve durar tempo suficiente para que descubra suas habilidades e seus talentos internos.

> A fase lúdica é decisiva para se estabelecerem energias criativas livres ou inibidoras. A iniciativa acrescenta à busca de autonomia a capacidade de assumir, de planejar, de desempenhar uma tarefa com imaginação.[25]

No crescimento da fé, essa fase infantil, também chamada de pré-evangelização, é dom de Deus, pois só ele tem acesso aos corações e dá sua graça. É quando a pessoa começa a ter consciência de sua situação existencial, idade, sexo, saúde, trabalho, carências em

[24] MELLO, Anthony de, *Verdades de um minuto,* p. 35.

[25] ROBINSON, Ken, o. c., p. 163.

quaisquer níveis e até de sua ignorância religiosa. Sente-se "inquieta", mas não acomodada, embora ainda não saiba encontrar a solução, já sinaliza que quer Deus em sua vida. Ilustra bem essa fase o conto das duas rãzinhas que caíram no latão de leite. Passivamente foram afundando e uma delas desistiu de lutar. Enquanto isso, a outra não se deixou acomodar, começou a debater-se até formar uma camada de creme onde ela se firmou, conseguindo escapar.

Na **adolescência** começa a descoberta do "você", dos semelhantes. É quando acontece a experiência do encontro com a outra pessoa. Esse encontro, porém, tende a ser mais uma tentativa para se compararem, descobrirem semelhanças e possíveis identificações. Pode ser chamada de a fase do conflito, em que o(a) adolescente se considera rejeitado e pouco compreendido. Por não saber lidar com tanta novidade, a busca de seu caminho pessoal leva-o(a) a flutuar entre agressividade, transgressão, rebeldia, paixão avassaladora ou lágrimas de afeto.

Como ainda não tem vontade firme, o(a) adolescente costuma ser volúvel, sua decisão do período da manhã é facilmente esquecida ou mudada por algo até mesmo conflitante à tarde. Ama e odeia com a mesma intensidade em curto espaço de tempo. Não lida bem com as emoções, por isso age na defensiva, supondo ser essa a melhor resposta para as supostas ameaças que acredita receber em seu ambiente. Ao mesmo tempo, a descoberta progressiva de si mesmo vai se tornando significativa, levando-o(a) a entrar em contato com sua singularidade.

Embora a identificação no vestuário pareça o reflexo do espelho, como se todos da turma usassem uniforme, aos poucos, o adolescente vai se dando conta de que é um ser único, singular. A conhecida crise de identidade, que pode ser sentida em qualquer fase da vida, é bastante forte na adolescência. Nessa ocasião, a pessoa tem necessidade de se reconhecer e ser reconhecida em sua singularidade, embora ainda seja difícil libertar-se da imagem de possíveis pais autoritários que lhe ficou introjetada.

A religião, como também tudo que é proposto pelos adultos, é vista como inteiramente castradora, desmancha prazeres, distanciada da realidade, por isso a solução parece ser a de deixá-la de lado. Nesse momento, como está experimentando o próprio potencial, tende a se posicionar como mais importante do que realmente se sente, e até de prescindir de Deus, de bastar-se a si mesmo(a). Não é raro que se mostre simpatizante do ateísmo, mais como atitude de rebeldia de quem quer se autoafirmar do que por convicção.

A adolescência da fé é a chamada fase de Evangelização, da descoberta de Deus, do apaixonamento por Ele. Não acontece apenas como resultado de cursos sobre fé, nem mesmo de um curso de Teologia, mas como resposta à ação de Deus. Tem início o processo de adesão pessoal e consciente a Jesus Cristo, amigo e companheiro da caminhada. A segurança diante das situações da vida passa a ser a consequência desse encontro.

Já a **juventude** é fase de energia, empolgação, de descoberta de parcerias e de desenvolvimento de projetos em grupos. Ao mesmo tempo, de questionamentos, dúvidas, irritação e ambivalência em que o "pai-herói", a "mãe-maravilha", e tudo o mais que significaram, deixam de existir diante do confronto com a realidade. É a passagem da idealização para o real. É o momento em que os jovens começam a experimentar a liberdade e a duvidar do que aprenderam dos pais, professores e de outros adultos com quem conviveram, para começarem a construir o próprio caminho.

> Não temos mais de nos preocupar em encontrar um meio termo entre nossas próprias ideias e sentimentos e os de nossos pais, mas, por outro lado, ainda não somos responsáveis por pessoa nenhuma em particular. Achamos que o tempo de ser ensinado acabou, mas ainda não estamos prontos para começar a ensinar a outros.[26]

A caminhada na fé tem início com o desejo profundo de conhecer intimamente a Jesus Cristo, seja por meio dos Evangelhos, lidos

[26] NOUWEN, H., *Intimidade,* p. 25.

e meditados, seja do estudo em cursos de Teologia e outros. Fazem parte dessa fase, de Iniciação ao Mistério de Cristo e da Igreja, as experiências de introdução ao apostolado e de oração pessoal, como consequência coerente de quem descobriu o Amor e agora quer falar sobre ele, dando testemunho. É o que o próprio Jesus diz: "a boca fala daquilo de que está cheio o coração" (Lc 6,45).

A passagem de uma fase para outra depende sempre da facilidade ou dificuldade do empenho. **Maturidade** não quer dizer que já esteja pronto, que não falte mais nada para ser finalizado no crescimento. Também não se constitui no ponto final da caminhada, algo completo e acabado. Mas pode significar a abertura para o trabalho, não mais só com as pessoas com quem se tem amizade, mas com todas com as quais se encontram. Supõe a descoberta do sentido da vida e do compromisso de assumi-la com responsabilidade. De modo diferente da infância e da adolescência a idade adulta não se esgota.

A maturidade é passagem da condição passiva de só esperar respostas para o Engajamento na Igreja concreta, como transbordamento da vida de oração, de estudo sério sobre a fé e de apostolado. O processo ascensional de crescimento na fé vai sendo consolidado na medida em que, tomando consciência de nosso potencial e nos apropriando de nossa vida, nos tornamos cada vez mais gente, mais humanos, por isso tanto mais nos aproximamos do divino. É evidente que se supõe maturidade psicológica para descobrirmos nossas habilidades e estarmos disponíveis ao sopro do Espírito Santo, que nos move e nos convoca.

Para Carl Rogers, essa fase não é uma meta, mas faz parte de um processo de crescimento dinâmico, aberto à mudança e em constante desenvolvimento. É o momento em que a pessoa começa a elaborar sua síntese, em contato com aquilo que é seu e com as influências do meio em que vive. Como se trata de um processo, esse trabalho é para a vida, sem data marcada para terminar. A maturidade pode ser avaliada pela facilidade com que se alargam os horizontes e se abrem para o mais universal. Pode-se dizer que uma pessoa chega à maturidade ao atingir o equilíbrio e o constante desenvolvimento, tendo condições de tomar decisões responsáveis e criativas e relacionar-se consigo mesmo e com seu ambiente.

Quantas pessoas não assumem a maturidade por medo, até mesmo constrangimento de parecerem velhas. Acreditam tolamente que, negando a própria idade, continuam jovens. Não percebem que o declínio da curva biológica é inevitável, embora seja possível manter a jovialidade, a alegria pela vida. Por outro lado, a capacidade de criar, de aprender, de realizar é ascensional. Há alterações biológicas decorrentes do processo natural de envelhecimento, mas a pessoa madura continua sendo um ser humano verdadeiro com toda a sua potencialidade.

Nessa fase carregamos em nosso íntimo o entusiasmo de um crescente Ideal e a necessidade de assumirmos um compromisso com o Cristo Místico, a Igreja viva e real. Assim, chegamos ao fim de nossa viagem da mágica à fé. Começamos encolhidos no útero de nossa mãe, unidos ao mundo em que vivíamos. Lentamente, saímos da unidade mágica para uma existência autônoma, em que descobrimos que não estávamos sozinhos, mas nos encontrávamos em permanente diálogo com nosso ambiente; e terminamos agrupando todas as variedades de vida em uma nova unidade – não de mágica, mas de fé

O **envelhecimento** tende a ser a fase em que a pessoa já viveu experiências de cuidar de situações e de outras pessoas, tendo experimentado momentos de sucessos e de possíveis fracassos. Envelhecer, para muitas pessoas, tem se tornado algo ameaçador, como se a idade cronológica se constituísse na única conquista da vida e no marco regulador de sua interrupção.

> Não temos permissão de envelhecer sem uma profunda sensação de vergonha. Dizem-nos que as rugas devem ser odiadas; que perder o vigor fisiológico é se tornar inútil; que com nossos sentidos debilitados

> perdemos toda esperança de alegria, estética e produtividade. Somos influenciados para que escondamos nossa idade, ocultemos as rugas e pintemos o cabelo. Para não nos tornarmos um fardo, proporcionam-nos comunidades especiais para os idosos onde, dizem-nos, poderemos encontrar consolo e paz com outros como nós.[27]

Em uma sociedade consumista que valoriza a agilidade, a juventude, a boa forma física, a pessoa que acumula idade é considerada inútil. Além do mais, o(a) idoso(a) já chegou à aposentadoria, não produz mais, portanto, sua utilidade também é questionada. Há uma tendência de facilmente se descartar a pessoa idosa e tratá-la como criança; testemunha dessa atitude são as canções infantis frequentemente cantadas nas visitas que alguns costumam fazer a asilos e casas de repouso. Idoso não é criança, portanto não deve ser tratado como tal! É muito bom cantar com ou para o(a) idoso(a), mas canções que sejam conhecidas, de sua época, que possam ser acompanhadas por eles(as).

O sinal vermelho pode ser acionado pela consciência da finitude e pelo medo da morte, que tendem a levar à perda da esperança, do prazer e da alegria, culminando em grande insatisfação nos relacionamentos e podendo chegar à depressão. Ao mesmo tempo, um grande desafio para a pessoa idosa é não permitir que as imagens do passado ocupem tanto sua lembrança que passem a competir com a realidade, desviando seu foco de atenção do aqui e agora (presente) para o lá e então (passado). Para proteger-se desse mal-estar, a pessoa pode desenvolver comportamentos de defesa ou de fuga, meios inadequados de saber responder de modo adequado ao desenvolvimento de seu potencial e seus problemas existenciais.

Da mesma maneira que a simples lembrança da morte pode causar medo por colocarmos a pessoa diante de uma certeza que tenta negar, quase intimidada a aceitar que envelhecer é intolerável. Como se a idade cronológica fosse a constatação do fracasso

---

27 BUSCAGLIA, Leo, *Assumindo a sua personalidade,* p. 57.

e o passaporte para a inutilidade, e que o único objetivo da pessoa idosa fosse ficar parada à espera da morte. Essa suposição limitante não deixa opção para quem a acolhe: envelhecer é morrer.

> A morte é sim o fim da vida. Mas fim entendido como meta alcançada, plenitude almejada e lugar do verdadeiro nascimento. A união interrompida pelo desenlace não faz mais que preludiar uma comunhão mais íntima e mais total.[28]

Cada dia, cada momento são únicos, sempre novos e não se repetirão como também tudo e todas as coisas. As pessoas passam, são transitórias. Quem vive plenamente não teme a morte nem mesmo a vê como lembrança de mau gosto. Ao contrário, tem consciência de que importa viver o momento presente, o aqui e agora sem preocupação com o futuro, com o que ainda virá.

> Existem dois momentos-chave na vida de toda criatura humana: o nascimento e a morte. A vida terrena que inicia, e a vida que se realiza ultrapassando a soleira do tempo rumo à eternidade; sendo este último um momento que é sempre acompanhado por uma forte e especial carga de sentimentos humanos.[29]

Nossa criaturidade ensina-nos que, se fomos criados e nascemos, vamos morrer um dia. Mesmo que essa certeza não seja agradável, é de grande importância para nós. Aceitar ou não aceitar, depende de nós. Ao aceitar que somos finitos, estaremos mais disponíveis para viver plenamente cada momento de nossa vida como se fosse o único. Teremos certeza de que nada se repete, cada encontro com cada pessoa igualmente será único.

A pessoa madura é aquela que vive o presente sem lamentar o passado, apoia-se nele para viver melhor o hoje, mas não faz das lembranças razão para viver, muito menos para lamentar-se, para viver na nostalgia. Igualmente não espera romanticamente pelo futuro com final feliz, como em um conto de fadas, mas tem

---

[28] BOFF, L., *Vida para além da morte*, p. 35.

[29] VAN THUAN, François, *Testemunhas da Esperança,* p. 210.

os pés e o coração fincados no presente. Vai vivendo sua história de modo que o futuro seja resultado dessa construção. Cada fase da vida tem uma finalidade, e o que importa é saber se queremos conhecê-la ou se vamos simplesmente ignorá-la.

Idosos(as) que continuam vivendo plenamente, apesar dos anos vividos, podem seguir em frente escolhendo a vida, a despeito das rugas, do cabelo branco ou da idade avançada. Podem escolher assumir o desafio de estar na vida, partilhá-la com amizade, ter emoções, sendo verdadeiros(as) a cada momento. Velhos(as), ao contrário, são aqueles(as) que desistiram de viver, já abdicaram de sonhos e de projetos.

Nos últimos anos a expectativa de vida cresceu muito, e o cuidado com a saúde das pessoas idosas também está melhor. De acordo com vários estudos, número relevante delas, mesmo depois da aposentadoria, mostram interesse e disposição de encontrar novas ocupações, aprender outras línguas e atingir metas de realização pessoal. Os sonhos viáveis, isto é, aqueles que não se baseiam em fantasias, podem ser realizados em qualquer idade e ser fonte de grande satisfação e entusiasmo, não apenas a resolução de algum problema financeiro. A dança, que evidentemente não será balé com sapatilhas de ponta ou tango com saltos altos, pode ser uma escolha para trazer mais qualidade de vida para essa fase.

Vale lembrar da atriz Jessica Tandy que recebeu o Oscar de melhor atriz aos 80 anos, por sua atuação em *Conduzindo Miss Daisy*; Arthur Rubinstein, célebre pianista, que eletrizava plateias em seus recitais, estava com 89 anos em sua última apresentação pública em Londres, onde tocara pela primeira vez aos 19 anos; Oscar Niemeyer, conhecido e celebrado arquiteto brasileiro, assinou projetos até pouco tempo antes de sua morte, aos 104 anos; da mesma forma a artista plástica Tomie Ohtake igualmente trabalhou em seu ateliê até o final, aos 101 anos, sem desistir de sua paixão pela arte.

Além da idade avançada, a semelhança que encontramos entre Jessica Tandy, Rubinstein, Niemeyer e Tomie Ohtake é que não se deixaram levar pela rotina, nem permitiram que o passar dos anos impedisse sua realização pessoal. Mais do que suas carreiras, expressavam felicidade por se dedicarem a atividades que lhes proporcionavam alegria e prazer.

O ideal, descoberto principalmente na Maturidade, aprofunda-se e se enraíza na idade avançada. É então, mais que nunca, que a pessoa pode viver sua vida de fé, de encontro pessoal com Deus, sem lamentações, saudosismos nem temores a respeito da vida futura. Enquanto a curva biológica tem seu ápice na juventude e na idade adulta e, a partir de então, inexorável declínio, em termos de espiritualidade pode ser sempre ascensional. Nesse sentido, a fé também passa por um processo de amadurecimento progressivo, saindo do infantilismo, do conto de fadas, para descobrir Deus na intimidade do próprio eu, presente também na História.

> É um modo de viver em estado de síntese, de totalidade. Se vivo apenas como sou agora, sou apenas a mais tênue película na superfície de meu ser. Mas, se vivo com todo o peso e todo o impulso do que já fui, minha vida assume uma dimensão muito diferente.[30]

A opção pela vida é a escolha a ser feita a cada dia. É o que veremos a seguir.

[30] BOULAD, Henri, o. c., p. 92.

8

A DECISÃO DE VIVER

Acolhendo o dom da vida

Decidir experimentar, fazer escolhas na infância, nem sempre é uma postura incentivada pelos pais. É nessa idade que começamos a perceber os muitos caminhos possíveis. Há tanto de julgamento, de teste, de avaliação a nosso respeito desde cedo que, aos poucos, nosso foco de atenção passa a ser o que as pessoas pensam sobre nós e não quem nós realmente somos.

O tempo todo fazemos escolhas, mesmo que nem sempre sejam as mais adequadas. Por trás de tudo, há algo especial e que dá sentido à vida. Nosso desafio deve ser de nos levar ao compromisso de assumirmos o que de fato merece atenção, e nos remeter à convivência solidária. Nossa escolha mais significativa é sempre a favor da vida.

A cada dia nos deparamos com inúmeras decisões, umas mais fáceis, outras nem tanto. É bom termos consciência de que a vida é dom e é breve, não podemos retê-la ao nosso bel-prazer. A cada instante, desde o nascimento, alguma coisa morre em nós, e a constatação de nossa finitude ou fragilidade pode nos trazer abatimento e angústia. Jesus, entretanto, ao prometer a eternidade, deixa claro que a vida continua: “Sim, esta é a vontade de meu Pai: quem vê o Filho e nele crê tem a vida eterna, e eu o ressuscitarei no último dia” (Jo 6,40).

Costumamos confundir responsabilidade, seriedade, com "obrigação". Por isso, como já tivemos oportunidade de tratar, muitas vezes, sentimos que "temos de fazer" desde coisas simples, como escovar os dentes, almoçar até algumas mais exigentes, como estudar, levar os filhos à escola etc. Na realidade, quando alguém sente que "tem de" fazer alguma coisa, não é livre, não pode decidir por si mesmo.

Diante de algumas situações ditas importantes, o mais adequado parece que seja perguntar a si mesmo: "Por que e para que preciso fazer tal coisa"?" (trabalhar, estudar, assim por diante). A partir dessa pergunta pessoal, será possível a alguém chegar a uma resposta honesta. Por exemplo: "Vou estudar porque me respeito e para garantir minha formação profissional" ou "Vou trabalhar porque me levo a sério...". Tais motivos podem desencadear a decisão, a escolha livre para o cuidado com o estudo ou para com o trabalho. Quem assim age, longe de ser obrigado(a), escolhe com autonomia qual o caminho mais adequado a tomar.

Sermos pessoa plena não significa sermos alguém diferente, com superpoderes. Antes de mais nada, é sabermos assumir-nos como pessoa que descobre o próprio potencial, as qualidades, a imensa riqueza interna. Acreditamos não haver barreiras para o crescimento da personalidade ao investirmos em nosso potencial. Precisamos, porém, ter consciência de que não podemos fugir de sofrer, por exemplo, quando uma rejeição dói, ou quando a perda de um ente amigo ou a constatação de um fracasso trazem tristeza. Por outro lado, não quer dizer ignorarmos os próprios limites, nem mesmo evitarmos as possíveis situações de dor, que fazem parte de nossa condição de criaturas. Se nos debatemos, procurando negar nossa criaturidade e nossa necessidade de alguma ajuda, mais turvamos nosso interior e dificultamos um mergulho profundo nele, para podermos nos encontrar com nossa verdade e trabalharmos em nossa restauração, à semelhança de uma obra de arte.

A vida plena é um **processo de construção,** que não acontece sozinho, precisa de nossa participação a cada instante em que vivemos. Assim, todo momento é novo e nos surpreende. A novidade com que nos deparamos a cada manhã pode vir impregnada de alegria ou de tristeza. Às vezes, tendemos a acreditar que nossa vida seria boa se todos os nossos desejos se realizassem e tudo a nosso redor estivesse extremamente organizado. É só nossa a decisão de escolher em qual aspecto queremos focar nossa atenção.

> A vida tem seu próprio dinamismo interno; o homem tende a crescer, a se expressar, a viver. Parece que se essa tendência é bloqueada ocorre um processo de decomposição na energia vital, que se transforma em energia destrutiva. Em outras palavras: o impulso para a vida e o impulso para a destruição não são fatores mutuamente independentes, mas estão em uma interdependência inversa. Quanto mais o impulso para a vida é bloqueado, mais forte se torna o impulso para a destruição; quanto mais plena é a vida, menor é o impulso para destruir. Esta destrutividade é resultado de uma vida não vivida.[1]

Para que nossa vida valha a pena, seja satisfatória, é igualmente importante valorizarmos nossos sentidos. São eles que tornam possível nossa abertura para a realidade, seja aspirando os odores agradáveis ou desagradáveis do ambiente, seja ouvindo os sons de uma música, podendo experimentar os variados sabores etc. Ao mesmo tempo, a abertura para sentir, identificar e expressar nossos sentimentos e nossas emoções nos capacita para a vida. O que caracteriza o ser humano vivo é a consciência do que acontece a sua volta, e estar presente, participando de todos os momentos do dia. Van Thuan escolheu viver o momento presente, sem jamais perder a esperança durante os anos na prisão, como maneira de manter-se no mínimo controle da situação.

> Tenho de enfrentar a realidade. Estou preso. Se eu for esperar o momento oportuno para fazer algo de grande, quantas vezes terei destas ocasiões? Só de uma coisa eu tenho certeza de que vai chegar:

---

[1] FROMM, Erich, *Escape from freedom,* in POWELL, John, Para viver em plenitude, p. 17.

a morte. Faz-se necessário aproveitar as ocasiões que se apresentam todo dia, para realizar ações ordinárias de modo extraordinário.[2]

Precisamos de determinação para irmos fundo, descobrirmos nossa verdade: quem somos e como somos, tendo grande respeito por tudo aquilo que temos de bom. Ao nos aceitarmos como somos, podemos ser nós mesmos, tendo ideias próprias, fazendo escolhas e expressando emoções. Em outras palavras, amando-nos verdadeiramente, porque só teremos condições de amar alguém, quem quer que seja, se tivermos grande amor por nós mesmos. Quem não se ama ou não se respeita (amar e respeitar podem ser considerados sinônimos) não tem maturidade, portanto não é capaz de amar. Quanto mais nos encontrarmos e nos aceitarmos, mais estaremos disponíveis para irmos ao encontro das pessoas, fazer parte de suas vidas, partilhar o que temos e somos, e construir comunidades com elas.

Eis um texto de Madre Teresa de Calcutá sobre a vida, o qual pode ilustrar melhor nosso assunto.

Viva a Vida
A vida é beleza, admire-a.
A vida é um sonho, torne-o realidade.
A vida é um dever, cumpra-o.
A vida é preciosa, cuide dela.
A vida é amor, viva-o.
A vida é promessa, cumpra-a.
A vida é um hino, cante-o.
A vida é uma aventura, arrisque-a.
A vida é felicidade, desfrute-a.
A vida é um desafio, enfrente-o.
A vida é um jogo, jogue-o.
A vida é uma riqueza, conserve-a.
A vida é um mistério, descubra-o.
A vida é luta, supere-a.
A vida é a Vida, defenda-a.

---

[2] VAN THUAN, François, *Testemunhas da esperança,* p. 62.

Assumindo as rédeas

Em vista de toda a evolução no plano natural através dos tempos, cada ser humano é chamado à vida e a viver relações básicas ou primárias. A primeira delas com Deus, em uma dependência filial, não de medo. Alguém que, por acaso, não tenha vivido relação harmoniosa com o pai humano tende a sentir dificuldade ao relacionar-se com Deus. A vivência negativa com a figura paterna pode trazer imagens caricatas de cobrança, de abandono, de sentimento de culpa, de rejeição, que dificultam o encontro com o Deus Amor.

Cada vez que assumimos as rédeas da vida, estamos em contato com nossa essência, nossa verdade, demonstrando que também queremos assumir nosso crescimento. Porém, como tudo é processo, não vem pronto "de fábrica", é preciso que invistamos não apenas nos aspectos positivos observáveis no comportamento, mas em toda a capacidade de entrar em contato responsável com tudo aquilo que é nosso. Nesse movimento para o interior, seremos capazes de descobrir carências, medos, frustrações, sentimento de culpa, e tudo o que ainda está à espera de ser reparado.

Algumas vivências negativas podem ter ficado "abertas" ou não resolvidas, porque no passado alguém falhou, ofendeu, machucou-nos, mesmo que em algumas ocasiões não tenha sido de propósito. Agora cabe a nós reconhecermos o possível dano e fazer a reparação necessária. Em primeiro lugar, tomando consciência de que do fato do passado, daquela vivência que tanto ainda nos incomoda, o que resta no presente é apenas uma imagem, a lembrança do que aconteceu, nada mais.

Nossa programação como seres humanos não está pronta, está sempre disponível para receber novas informações. Como seres relacionais, crescemos à medida que interagimos com outros seres humanos e somos criativos, embora nem sempre as coisas que criamos promovam a vida: fabricação de armas, de cigarros e outras drogas que levam à morte.

> Quando nos tornamos pessoas, tornamo-nos transparentes uns para com os outros, e a luz pode brilhar através de nós, e Deus pode falar através de nós. Quando nos tornamos pessoas que transcendem as limitações de nosso caráter individual, o Deus, que é amor, pode revelar-se em nosso meio e unir-nos em uma comunidade. Tornamo-nos transparentes. Outros perderão sua opacidade e nos revelarão a face amorosa de Nosso Senhor.[3]

Grande parte de nosso tempo deixamos de olhar para fora, de ter curiosidade, se preferirem, para descobrir quanta coisa existe, quanta vida à espera de ser vivida. Quantas pessoas costumam se queixar do tempo que gastam nas viagens, aguardando a chegada ao destino. A melhor parte da viagem é a própria viagem, da mesma forma que o mais importante na vida é viver o hoje, o aqui e agora, sem projeções desnecessárias para o futuro. Mais interessante seria usar esse tempo para apreciar a paisagem, o horizonte que se descortina, desfrutar da brisa. De modo análogo, a vida terá a forma com que a delinearmos ou o matiz que escolhermos para pintá-la.

Um dos caminhos que geram vida e conduzem à plenitude é a partilha. Todo dom deve ser partilhado e consumido por todas as pessoas. Como consta na primeira Carta de Pedro (4,10). "Todos vós, conforme o dom que cada um recebeu, consagrai-vos ao serviço uns dos outros, como bons despenseiros da multiforme graça de Deus." Para partilhar, por em comum o dom, é preciso ter consciência solidária sobre outros valores que norteiam a vida de quem quer crescer além da dimensão física, também na mental e espiritual.

Quanta gente teme ficar sozinha por não se sentir à vontade em sua própria companhia. "O que faço comigo?", pode ser a pergunta não verbalizada. Por que isso acontece? Normalmente, costumamos olhar para fora, até mesmo quando estamos diante do espelho, apenas nossa aparência nos interessa. O que está por trás de nossa expressão facial nem sempre é significativo para nós.

[3] NOUWEN, Henri, *Transforma meu pranto em dança,* p. 83.

Menos ainda procuramos conhecer nosso interior, nossos sentimentos e nossas emoções. Em geral, diante da pergunta: "O que você está sentindo?", a resposta costuma ser uma explicação: "O ônibus demorou, e cheguei tarde". Ou "Chovia muito e me molhei". Dificilmente nos referimos às nossas emoções, por não termos o hábito de nos perceber e de avaliar o que está acontecendo conosco, o que estamos sentindo.

Muitas pessoas ainda têm dificuldade nos inter-relacionamentos. Há as que se sentem ameaçadas e se escondem, como se buscassem um nível intrauterino de proteção para sobreviver, refugiam-se na fantasia por temerem a realidade e os encontros interpessoais. Outras, ainda, procuram viver relacionamentos simbióticos, na dependência de familiares ou de amigos. A função do útero é indispensável para que a vida aconteça, porém, o problema está em desejar que essa condição seja perene.

Para nos relacionarmos com quem quer que seja, precisamos saber responder à pergunta "Quem sou eu?" É o **eu**, a identidade que possibilita os encontros. Ao contrário, quanto mais fragilizado está o **eu**, mais necessidade há de proteção que, nesse caso, de modo inadequado, pode traduzir-se em ter mais roupas, carros, casas, dinheiro etc.

A arte da vida plena

Afinal, em que consiste viver? Em um mundo em que grande parte dos nascimentos não são bem-sucedidos, porcentagem imensa de crianças não chega ao primeiro ano de vida, e número ainda maior de pessoas passam fome, sem dúvida, nascer e continuar vivo é mais do que grande desafio. Nascer, ser dado à luz, já pode ser considerado um milagre.

Aprendemos que precisamos de uma porção de coisas para viver, desde os eletroeletrônicos, móveis, utensílios domésticos e tudo o mais que nos fascina, que se torna sonho de consumo e pelo qual pagamos grandes quantias. Quantas vezes as roupas de grife, os tênis da moda ou os celulares passam de objetos de desejo a objetos de frustração: as rápidas mudanças nas marcas e nos modelos tendem a dificultar o consumo de tudo que acreditamos ser necessário para uma vida feliz.

> A vida é muito importante para ser desperdiçada na ânsia de ser rico, famoso, de boa aparência, popular, bonito ou, no pavor de ser pobre, desconhecido, ignorado ou feio. Estas coisas perdem importância, como se fossem seixos ao redor de um diamante fulgurante. Você, seu verdadeiro eu, sempre foi e será um diamante. O valor da sua vida é incalculável.[4]

Segundo matéria publicada na revista "Isto é" de 12/12/84, deputados americanos, ao visitarem o campo de refugiados de Korem, na prejudicada província de Wallo, norte da Etiópia, pretendiam verificar as consequências desastrosas da fome que vinha devastando aquele país por mais de ano e meio. Como não tinham como atender a enorme multidão, o diplomata Leonard Lefcow, que acompanhava o grupo, munido de uma caneta, passou a desenhar bichinhos e caretas nas palmas das mãos de uma interminável fila de meninos e meninas. Ao mesmo tempo, porém, com canetas absolutamente iguais, os três médicos franceses que atuavam como voluntários no campo, faziam um trabalho trágico. Como os suprimentos não seriam suficientes para todos, decidiram que só receberiam alimento os que tivessem alguma condição de sobreviver. Nestes desenhavam uma cruz na testa, ficando os demais, automaticamente, condenados. Embora fosse a única solução viável para o momento, não deixa de ser impactante pensar que, para algumas daquelas crianças, continuar vivendo dependia de um gesto tão simples e, ao mesmo tempo, aterrador. Naquele momento era o que restava ser feito. E antes, anos antes?

Enquanto se investe em políticas que geram morte, como os incentivos fabulosos na fabricação de armamentos, é muito

---

4 MELLO, Anthony de, *Quebre o ídolo,* p. 32.

pouco proporcionalmente o investimento em vida. Da mesma forma, somos acostumados a pensar em doença, enquanto a saúde acaba sendo banalizada e passa a ser privilégio de poucos. É impressionante o número de farmácias em nossas cidades, com frequência bem próximas umas das outras, como se a população fosse marcadamente doente. Multiplicam-se as farmácias, enquanto não existe o mesmo cuidado em criar espaços para educação física, áreas de lazer, centros culturais ao alcance da população. A questão não está simplesmente em lutar contra a doença, mas em oferecer oportunidade para que a vida aconteça e seja valorizada. De modo a se pensar mais em saúde, em sorrir mais, em amar mais, em relaxar, enfim, em abrir espaço para ser feliz.

Ao acolhermos o dom da vida, percebemos que cada dia é novo e traz situações novas, diferentes do ontem, e estão a nossa espera para serem vividas. Quando temos tal sintonia e procuramos assumir a responsabilidade de descobrir a forma adequada de lidar com nossos limites e nossas dificuldades, podemos repetir, sem nenhum receio de exagerar, que o dia que estamos vivendo é o melhor dia de nossa vida. Isso simplesmente porque cada dia é único e irrepetível, e nosso sucesso ou fracasso nele dependerá apenas de como decidimos vivê-lo. Ao mesmo tempo, por sabermos escolher o lado luminoso, sem desconhecer ou negar o lado sombrio, agimos como quem acredita que, acima das nuvens escuras, o sol continua brilhando.

Quem deseja tornar-se pessoa, ou seja, atingir a meta para a qual foi destinada por Deus, procura saborear e aprender com todos os acontecimentos, mesmo aqueles que lhe sejam apresentados como insatisfatórios ou cansativos. Existe uma tendência natural no ser humano para a vida e para a sobrevivência, que o leva a realizar as ações do dia a dia. Importa descobrir aí seu sentido.

> Embora o homem faça a experiência do absurdo e este lhe pareça sempre como um problema e como um mistério, contudo não deixa de confiar na bondade radical da vida. Levanta-se de manhã, vai a

> seu trabalho, luta pela família, sacrifica-se pelos filhos, engaja-se na construção de um mundo mais fraterno, é capaz de, em casos extremos, oferecer a vida em defesa de valores vitais.[5]

Quanto mais entramos em contato conosco mesmos, procurando nos conhecer melhor, tanto mais nos capacitamos de que outras pessoas também existem e estão no mundo para serem encontradas e conhecidas. Basta termos disposição de olhar a nosso redor para descobrir quanta gente solitária pode estar sonhando com alguém que as ajude a descobrir que vale a pena viver. Tanta gente há vivendo na escuridão sem ter alguém que lhes mostre como acender uma luz para clarear as trevas. Muitos ainda não se deram conta de todo o seu potencial para deixar o mundo mais humano. É na intersubjetividade que acontece a construção e possível realização do ser humano, pois, como diz Gesché[6], o outro me tira do fechamento em mim mesmo e facilita o acesso a mim mesmo.

Na infância, nossos pais, avós, professores e demais adultos com quem pudemos conviver foram nosso "laboratório experimental". Como crianças podíamos não entender as palavras dessas pessoas, mas, sem dúvida, assimilávamos as emoções que permeavam o ambiente. Aprendemos quais respostas, não apenas verbais, mas emocionais, devem ser usadas em determinadas situações.

> Desde os primórdios, a criança teve de aprender a estabelecer níveis de aproximação e distanciamento diante de todas as pessoas a sua volta. Teve de aprender a escolher quem tocar, nos braços de quem procurar conforto e calor, e os momentos em que a distância era o caminho mais seguro.[7]

Em uma família em que a mãe ou o pai não expressam suas emoções com autenticidade, as crianças aprendem a disfarçar o que sentem ou, inúmeras vezes, a nem identificar o que estão

[5] BOFF, L., *O destino do homem e do mundo,* p. 19.

[6] GESCHÉ, A., *O Corpo, Caminho de Deus.* p. 44.

[7] MEAD, Margaret, *Sex and Society,* in POWELL, John, *Para viver em plenitude,* p. 61.

sentindo. A tendência, por exemplo, ao ser elogiada é a de não entrar em contato com seu interior e responder usando outra emoção, choro ou riso forçado, ou não aceitar o cumprimento e desconversar: "Imagine, que exagero!" ou "São seus olhos!" Na verdade, a resposta mais adequada seria agradecer.

Agradecer a vida, como presente carinhoso do Criador, é de nossa parte a resposta de fé que nos aproxima de nossa fonte e do reconhecimento de que tudo é graça, Deus nos conduz. Gratidão é o resultado de uma prática constante, que nos ajuda a perceber o fio condutor da presença de Deus em nossa vida. Assim, todas as nossas vivências, alegres ou tristes, resultantes de ganhos ou de perdas, transformam-se em ação de graças pelos momentos vividos que se tornaram ocasiões favoráveis a nosso crescimento. É essa a palavra do apóstolo Paulo para nós. "Alegrai-vos sempre, orai sem cessar. Por tudo dai graças, pois esta é a vontade de Deus a vosso respeito, em Cristo Jesus" (1Ts 5,16-18).

Agradecemos a Deus que em Jesus, pessoalmente e de maneira surpreendente, entrega-se a nós na Encarnação, não só pela sua existência terrena, mas pela própria vida por amor, sofrendo a morte de cruz.

Corrie ten Boom, holandesa cristã, pagou alto preço pela coragem de esconder em um quarto secreto na casa de seus pais vários judeus durante a Segunda Guerra Mundial. Foi presa com a irmã e o pai, sofrendo todo tipo de dor, humilhação e tristeza em vários campos de concentração, onde os dois foram mortos, ele na Holanda e ela na Alemanha. Em seu livro *O Refúgio Secreto*[8], escrito depois de livre, Corrie, mulher de fé inabalável, relatou igualmente como vivia a recomendação de São Paulo de agradecer a Deus em todas as coisas, e mostrava às companheiras de campo que essa seria a atitude mais adequada. O alojamento em que dormiam, além de extremamente precário, estava infestado de pulgas, o que, para aquelas mulheres maltratadas, esquálidas,

[8] BOOM, Corrie ten, *O Refúgio Secreto.*

depois de um dia de trabalhos pesados, tornava-se difícil de suportar. Toda noite, antes de se recolherem, com muito cuidado para não serem percebidas pelos guardas, Corrie conduzia um momento de oração e, com muita firmeza, insistia que todas deviam agradecer também pelas pulgas. Juntas rezavam, agradecendo por mais aquele dia e, embora algumas não entendessem bem o motivo, agradeciam pelas pulgas. Algum tempo depois, descobriram a resposta às suas orações. Os guardas não entravam lá, apenas observavam do lado de fora, porque, como sabiam haver pulgas no alojamento, não queriam correr o risco de se infectarem, o que as deixava em condições de poder rezar à vontade.

Agradecer a presença providente de Deus em nossa vida não significa negar os momentos difíceis. Ao contrário, é ter consciência de que, mesmo quando a cortina da dor nos impede de perceber Sua presença, Ele está conosco. E, se não lhe oferecermos resistência, Ele nos conduz. É isso mesmo, Deus é sutil, não nos pressiona, mas aguarda paciente o tempo certo para agir e, como bom Pai, nos tomar nos braços.

> Se o pranto e a dança fazem parte do mesmo movimento de graça, podemos ser gratos a cada momento que já vivemos. Podemos encarar nossa inigualável jornada como a maneira de Deus moldar nosso coração a fim de que sejamos mais semelhantes a Cristo. A cruz, o símbolo principal de nossa fé, convida-nos a ver graça onde há dor; a ver ressurreição onde há morte. O chamado para ser grato é um chamado para confiar em que cada momento pode ser experimentado como o caminho da cruz que leva a uma nova vida.[9]

Do grego ευχαριστώ agradecer é o que igualmente somos convidados a fazer na Eucaristia, em que em Jesus, superando nossa surpresa, Deus nos entrega seu corpo e sangue. Quer participar conosco de uma festa que começa já, no aqui e agora, como antecipação da vida eterna. Agradecer é igualmente saber acolher e festejar as coisas, viver a vida como um presente recebido. A

---

[9] NOUWEN, H., *Transforma meu pranto em dança,* p. 17.

autêntica gratidão engloba tudo na vida: o bom e o mau, a alegria e a tristeza. É sentir a presença de Deus em tudo o que acontece.

É fundamental saber reconciliar-se, lavar mágoas, ressentimentos, rancores e inimizades, ao mesmo tempo agradecendo, celebrando e revisitando situações e acontecimentos sombrios e melancólicos, para dar-lhes significado novo. Nada e nenhuma pessoa está em nossa vida por acaso, mas como resultado da Providência que nos oferece oportunidades para sermos pessoas melhores. Como disse Michael Ramsey[10], arcebispo de Canterbury, o orgulho não cresce facilmente no solo da gratidão.

Ao lado do agradecimento pela vida, um dos melhores preventivos da boa saúde é ter bons pensamentos, pensar bonito. **O que nós pensamos produz automaticamente o que sentimos.** É fácil entender isso. Se pensarmos em alguma coisa agradável, naturalmente vamos nos sentir bem. Por exemplo, podemos imaginar um lugar bonito em que já estivemos, e nos transportarmos em um relance para ele, visualizando e desfrutando de tudo de bom que ali vimos. Depois de poucos minutos nessa experiência de fantasia, percebemos que tanto nosso emocional como nosso físico estão revigorados, sentimo-nos melhores. Esse exercício é excelente para afastar pensamentos depressivos. O hábito de pensar positivamente, além de nos reanimar, favorece a saúde. Além disso, pode ser outra forma de colaborarmos com o dom da vida.

> Pela festa o homem rompe o ritmo monótono do cotidiano; faz uma parada para respirar e viver o sentido do estar-juntos, na amizade, na intimidade dos próximos e na jovialidade do comer e do beber. Na festa, o beber e o comer não tem uma finalidade prática de matar a fome ou a sede. Mas de celebrar um encontro e de simbolizar uma amizade. Na festa, por um momento, o homem experimenta a eternidade; o tempo dos relógios como que é suspenso e é dado ao homem viver o tempo mítico da permanente presença na reconciliação de todos com todos.[11]

---

[10] RAMSEY, Michael, in BROOKS, David, *A estrada para o caráter,* p. 9.

[11] BOFF, L., *O destino do homem e do mundo,* p. 20-21.

Pelo contrário, da mesma maneira, se nosso pensamento estiver carregado de rancor, ódio, ressentimento, mágoa, automaticamente vamos nos sentir mal, não só mentalmente, mas até somatizando fisicamente, porque o mal-estar acaba manifestando-se no organismo. Esse sentimento negativo poderá ser expresso por meio de palavras, atitudes, gestos também negativos, atacando algum órgão do corpo e se instalando como doença física.

Na verdade, a quem dorme para fugir das dificuldades, acordar é desconfortável, até mesmo doloroso. Ninguém gosta de ter problemas, nem de perceber seus limites, menos ainda de enfrentá-los. Porém a atitude mais adequada para quem escolhe a vida é deixar de lado atitudes infantis, que supostamente evitariam o confronto desagradável com as fraquezas próprias do ser criatura, e tomar a decisão corajosa de acordar, isto é, acolher a vida e viver. Decidir despertar do sono que impede o contato com a realidade, para tomar posse da própria vida é a atitude corajosa de quem se respeita e quer acolher-se como pessoa.

Não pudemos escolher a família em que nascemos nem quem queríamos ser. Somos quem somos. Porém podemos escolher **como** queremos continuar vivendo. Entrar de cabeça, sem titubear, e ir em frente com determinação em cada fase da vida, aceitar todos os desafios que se nos apresentam, é a definição mais abrangente de viver. É fazer de cada momento do dia oportunidade de celebração.

> Viver intensamente todos os instantes da vida é o segredo para saber viver bem, também aquele que será o último. Cada palavra, cada gesto, cada telefonema, cada decisão, deve ser a coisa mais bela de nossa vida. Reservemos a todos nosso amor, nosso sorriso, sem perder um segundo.[12]

A pessoa que procura viver em plenitude tem consciência de sua realidade interna, isto é, sabe reconhecer suas emoções e permite-se vivê-las de modo integral, sem repressão. A partir do conhecimento

[12] VAN THUAN, François, o. c., p. 66-67.

interno, tem condições de contatar a realidade externa, de modo que possa interagir com o mundo. Vive o presente sem apegos desordenados com o passado, nem mesmo com projeções fantasiosas a respeito do futuro. Aceita participar com objetividade da viagem da vida, sem ilusões, consciente de que o desembarque não precisa ser penoso, por isso prepara-se para acolher com tranquilidade as surpresas.

Nossa demanda maior deve ser de rejeitar modelos de viver estereotipados, estabelecidos por sugestão de quaisquer pessoas, e buscar sempre mais a ousadia de descobrir nosso ser autêntico. Temos necessidade de repensar nosso sistema de crenças, para podermos, antes de mais nada, decidir quem queremos ser. Essa decisão leva a uma escolha fundamental: a de identificar nossas próprias emoções para podermos expressá-las livremente.

À medida que procuramos nos conhecer como pessoas e identificar nosso potencial, deixando-o emergir, teremos condições de tomar as rédeas, de ter o controle de nossa vida e decidir o rumo que escolhemos seguir. É nossa grande tarefa e nosso maior desafio.

> Somente no instante em que nossa palavra se transmuda em eco da Palavra de Deus e nos rendemos generosa e docilmente à ação do Espírito de amor, é que se revela a camada mais profunda e mais autêntica de nossa personalidade. Somente em face do Outro divino – "diante de Ti, Senhor!" – é que atingimos a plenitude do Eu.[13] Fizeste-nos para ti, e inquieto está o nosso coração enquanto não repousa em ti.[14]

Segundo alguns autores, a cada ano a aceleração do tempo é maior e não temos condições de interrompê-la. Diante desse processo em que nos deparamos com o fato de que a vida passa rapidamente, podemos nos extasiar ou lamentar. A escolha é nossa. Quantas vezes nos surpreendemos com a ideia da finitude.

> A transitoriedade de nossa existência, de forma alguma, tira-lhe o sentido. No entanto ela constitui nossa responsabilidade, porque tudo depende de nos conscientizarmos das possibilidades essencialmente

---

[13] HAERING, Bernhard, *A lei de Cristo,* p. 18.

[14] SANTO AGOSTINHO, *Confissões*, livro I, p. 15.

> transitórias. O ser humano está constantemente fazendo uma opção diante da massa de potencialidades presentes; quais delas serão condenadas ao não-ser, e quais serão concretizadas. Qual opção se tornará realidade de uma vez para sempre, imortal, como "pegada nas areias do tempo"? A todo e qualquer momento, a pessoa precisa decidir, para o bem ou para o mal, qual será o monumento de sua existência.[15]

Uma pessoa que almeja a plenitude também procura ter a mente aberta, isto é, reconhecer que, pela consciência, pode chegar a refletir e dar respostas a seus questionamentos. Alegra-se pela vida e por estar viva. Tem facilidade para encontrar pessoas e fazer amizades, importando-se com as pessoas que ama e que fazem parte de sua vida. Tem condições de ver o mundo colorido, sem ser ingênua ou piegas, porque sabe que, mesmo que o céu esteja escuro, o sol continua brilhando atrás das nuvens.

> Para aqueles que tem olhos para ver e ouvidos para ouvir, muito em nossa vida fugaz não está passando, mas permanecendo; não está morrendo, mas nascendo; não é temporário, mas eterno. Diante da fragilidade de nossa vida, temos uma razão maravilhosa de ter esperança. Alguns denominam "graça" a essa realidade oculta; outros chamam-na de "a vida de Deus em nós", e ainda outros de "o Reino de Deus entre nós". Seja qual for o nome que você dê, se focalizou seus olhos e seus ouvidos nesse precioso centro, começará a perceber que todas as torrentes de tempo e circunstâncias que atuam sobre ele servem apenas para dar brilho ao que se revelará como um precioso e imperecível presente. Todo aquele que crê, Jesus nos diz, tem a vida eterna (Jo 6,40). Eis aí a imensa revolução, em Ele vir plantar neste mundo efêmero e temporário a semente da vida eterna.[16]

Ao contemplarmos na ressurreição de Jesus a vida que se renova, assumimos pela fé o compromisso de valorizar a vida hoje, no meio de todas as incoerências e incertezas do mundo. É nossa parte acompanhar o processo de humanização nos ambientes em que vivemos, na família, no trabalho, nos encontros sociais. Ao procurarmos reestruturar nossa personalidade, estaremos nos

[15] FRANKL, Viktor, *Em busca de sentido,* p. 106.

[16] NOUWEN, Henri, *Transforma meu pranto em dança,* p. 46.

aproximando da imagem inicial que o Senhor tem preparado para nós desde a Criação e que hoje cabe a nós conservar e aprimorar. A permissão de acreditar na vida é um compromisso que precisamos assumir diante do desafio de nos tornarmos pessoas.

O *Krónos*, tempo do relógio, passageiro, fugaz, apresenta a fugacidade de tudo que vai acontecendo e nos leva a almejar uma vida prolongada indefinidamente. A partir de agora, podemos começar a fazer nossa experiência de vida eterna, em que vamos focalizando o *Kairós*, tempo de Deus, vivendo hoje, em nosso aqui e agora temporal, o eterno, o definitivo. Essa tomada de consciência é extremamente libertadora, pois nos aponta que, mesmo em meio a mudanças tão rápidas, uma vida plena se avizinha, aponta-nos para o alto e nos leva a aguardar com alegre esperança a ressurreição, em que tudo é graça, presente da bondade infinita de Deus.

REFERÊNCIAS

ABELL, Richard G., *Seja Dono de sua Própria Vida*, São Paulo: Cultrix, 1979.

BACH, Richard, *Fernão Capelo Gaivota*, Rio de Janeiro: Record, 2017.

BANDLER, R. e GRINDER, J., *Sapos em príncipes, Programação Neurolinguística*, São Paulo: Summus, 1982.

BAKER, Mark W., *Jesus, o maior Psicólogo do Mundo,* Rio de Janeiro: Sextante, 2005.

BERGOGLIO, Jorge e SKORKA, Abraham, *Sobre o céu e a terra,* São Paulo: Paralela, 2013.

BOFF, Leonardo, *Vida para além da morte,* Petrópolis: Vozes, 1973.

BOOM, Corrie ten, *O Refúgio Secreto*, Belo Horizonte: Betânia, 1979.

BOULAD, Henri, *Deus e mistério do tempo,* São Paulo: Loyola, 1992.

BROOKS, David, *A estrada para o caráter,* Rio de Janeiro: Alta Life, 2019.

BUSCAGLIA, Leo, *Amor,* 6ª ed., Rio de Janeiro: Record, 1988.

________, *Assumindo a sua Personalidade,* 4ª ed., Rio de Janeiro: Record, 1990.

CABARRÚS, Carlos R., *A dança dos íntimos desejos,* São Paulo: Loyola, 2007.

COMBLIN, José, *Vocação para a liberdade*, São Paulo: Paulus 1998.

FABRY, Joseph B., *A busca do significado,* São Paulo: ECE, 1984.

FRANKL, Viktor E., *Em busca de sentido,* São Leopoldo: Sinodal, 1994.

________, *Psicoterapia e sentido da vida,* São Paulo: Quadrante, 1973.

GESCHÉ, A., *O Corpo, Caminho de Deus*. São Paulo: Edições Loyola, 2009.

GONZALEZ-QUEVEDO, Luís (org.), Um sentido para a vida, São Paulo: Loyola, 2007.

GREEN, Thomas, *Drinking from a dry well,* Manila: Paulus, 1991.

HANS, Jonas, *O princípio vida,* Petrópolis: Vozes, 2005.

HAERING, Bernhard, *A Lei de Cristo,* São Paulo: Herder, 1961.

________, *Livres e Fiéis em Cristo,* São Paulo: Paulinas, 1979.

HEIDEGGER, Martin, *Ser e Tempo* (parte I), Petrópolis: Vozes, 1995.

JAMES, Muriel & SAVARY, Louis, *Um novo "EU",* São Paulo: IBRASA, 1982.

KEENAN, James F., *Virtues for Ordinary Christians,* Franklin: Sheed & Ward, 1996.

KIRVAN, John, *Nada te perturbe. Uma jornada ao centro da alma com Teresa d'*Ávila, Campinas: Verus, 2000.

LACERDA, Milton P. de, *Permissão para viver,* Petrópolis: Vozes, 2004.

________, *Paixão pela Vida, dos valores ao valor,* São Paulo: Loyola, 2019.

LIBÂNIO, J. B., *Discernimento Espiritual,* São Paulo: Loyola, 1977.

________, *Formação da Consciência Crítica, Subsídios Psicopedagógicos,* Petrópolis: Vozes, 1979.

MELLO, Anthony de, *Despertando para o Eu,* São Paulo: Siciliano, 1991.

________, *O Canto do Pássaro,* 1ª ed., São

: Loyola, 2001.

________, *Quebre o ídolo*, São Paulo: Loyola, 1993.

________, *Verdades de um minuto,* São Paulo: Loyola, 1993.

MONBOURQUETTE, Jean, *A Cura pelo Perdão,* São Paulo: Paulus, 1996.

NOUWEN, Henri, *A Espiritualidade do deserto e o Ministério contemporâneo,* São Paulo: Loyola, 1997.

________, *Intimidade – Ensaios de Psicologia Pastoral,* São Paulo: Loyola, 2001.

________, *O Paradoxo da Solidão,* São Paulo: Loyola, 1980.

________, *Transforma meu pranto em dança,* Rio de Janeiro: Textus, 2001.

POWELL, John, *Para viver em Plenitude,* Belo Horizonte: Crescer, 1989.

POWELL, John, BRADY, Loretta, *Arrancar máscaras! Abandonar papéis!,* São Paulo: Loyola, 1994.

RAMOS, Roberto Carlos, *A arte de Construir Cidadãos, A 15 lições da Pedagogia do amor,* São Paulo: Celebris, s/d.

RAVASI, Gianfranco, *A Narrativa do Céu, As Histórias, as ideias e os personagens do Antigo Testamento. vol. 1,* São Paulo: Paulinas, 1999.

ROBINSON, Ken, *O elemento-chave,* Rio de Janeiro: Ediouro, 2010.

SANTO AGOSTINHO, *Confissões,* São Paulo: Paulus, 1984.

SCHREINER, Josef, *Palavras e Mensagens, Introdução teológica e crítica aos problemas do AT,* São Paulo: Paulinas, 1978.

STEINER, Claude, *Os Papéis que vivemos na vida,* Rio de Janeiro: Artenova, 1976.

VAN DEN BORN, A., *Dicionário Enciclopédico da Bíblia,* 2ª ed., Petrópolis: Vozes, 1977.

VAN THUAN, François X. N., *Testemunhas da Esperança,* São Paulo: Cidade Nova, 2002.

VIDAL, Marciano, *Moral de Atitudes, 1º vol.,* Aparecida: Santuário, 1978.

POWELL, John. *Para viver em plenitude*. Belo Horizonte: Crescer, 1989.

POWELL, John; BRADY, Loretta. *Arrancar máscaras! Abandonar papéis*. São Paulo: Loyola, 1994.

RAMOS, Roberto Carlos. *A arte de construir cidadãos: As 15 lições da Pedagogia do amor*. São Paulo: Celebris, s.d.

RAVASI, Gianfranco. *A Narrativa do Céu: As Histórias, as ideias e os personagens do Antigo Testamento*, vol. 1. São Paulo: Paulinas, 1999.

ROBINSON, Ken. *O elemento-chave*. Rio de Janeiro: Ediouro, 2010.

SANTO AGOSTINHO. *Confissões*. São Paulo: Paulus, 1984.

SCHREINER, Josef. *Palavras e Mensagens*. Introdução teológica e crítica aos problemas do AT. São Paulo: Paulinas, 1978.

STEINER, Claude. *Os Papéis que vivemos na vida*. Rio de Janeiro: Artenova, 1976.

VAN DEN BORN, A. *Dicionário Enciclopédico da Bíblia*. 2ª ed. Petrópolis: Vozes, 1977.

VAN THUAN, François X. N. *Testemunhas da Esperança*. São Paulo: Cidade Nova, 2002.

VIDAL, Marciano. *Moral de Atitudes*. 1º vol. Aparecida: Santuário, 1978.

ÍNDICE

Este livro foi composto com as famílias tipográficas Bookmania, Source Sans Pro, Montserrat e Times New Roman e impresso em papel offset 63gr pela Gráfica Santuário.